CONFESSION D'UN HUISSIER,

Conseils que lui donne un Ami

ET AVIS AU PUBLIC.

Prix : 1 franc.

Que, redressant des torts, ou chantant la vertu,
Ou, démasquant le vice avec sa couleur noire ;
Ma plume toujours sache avec son bec pointu
Tracer la vérité.... c'est-là toute ma gloire.

H. E. G.

Paris.

CHEZ L'AUTEUR, RUE DE ROHAN, 24,
PRÈS LE CARROUSEL,
ET CHEZ MM. LES LIBRAIRES.

1839.

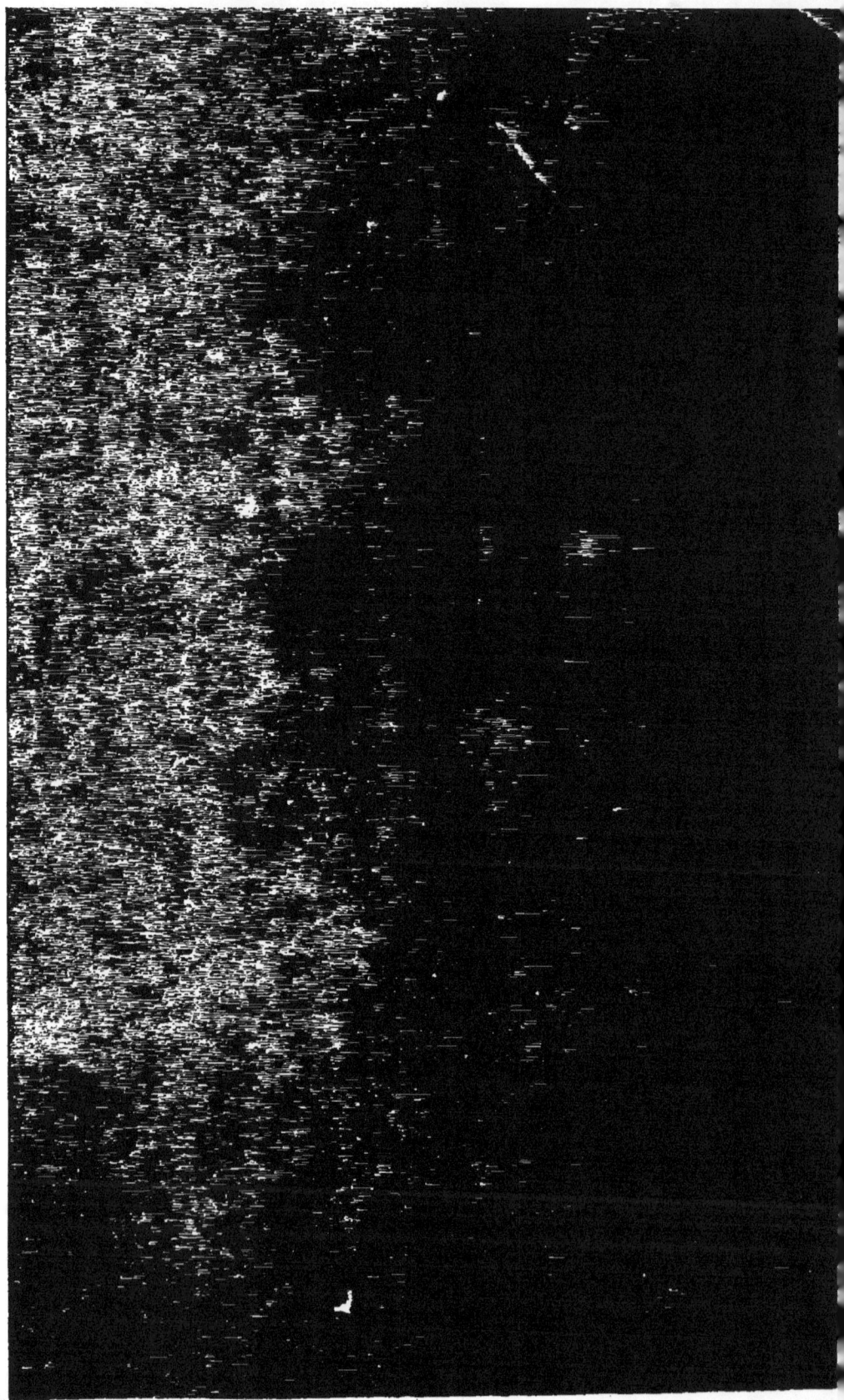

CONFESSION D'UN HUISSIER,

CONSEILS QUE LUI DONNE UN AMI,

ET AVIS AU PUBLIC.

Tous les exemplaires qui ne seraient pas revêtus de la signature ou de la griffe de l'auteur, seront considérés comme contrefaits, saisis comme tels, et les contrefacteurs seront poursuivis selon la rigueur des lois.

CONFESSION D'UN HUISSIER,

CONSEILS QUE LUI DONNE UN AMI,

ET AVIS AU PUBLIC.

Le tout Précédé d'une Préface et d'un Dialogue ; et Suivi de tous les Renseignements nécessaires pour taxer soi-même les Actes des Huissiers et ne leur en payer que ceux légalement faits.

Ouvrage utile à toutes les classes de la Société, notamment à MM. les Commerçants et aux Personnes qui sont susceptibles d'avoir affaire aux Huissiers, soit en demandant soit en défendant ;

Par H. E. GUILLIEZ, ANCIEN PRATICIEN.

PRIX : 1 FRANC.

PARIS.

CHEZ L'AUTEUR, RUE DE ROHAN, 24, PRÈS LE CARROUSEL,

ET CHEZ MM. LES LIBRAIRES.

—

1839.

Impr. de Chassaignon, r. Git-le-Cœur, 7.

TABLE.

PRÉFACE.

—◆—

» Depuis long-temps on réforme des abus, et cependant
long-temps encore il en existera. C'est donc avec l'intention d'en signaler l'un des plus criants que j'ai composé cet
ouvrage.

Je dis l'un des plus criants, parce qu'il porte pour la
plupart sur des malheureux débiteurs qui, s'il n'existait
pas, pourraient souvent faire honneur à leurs affaires, et
satisfaire à leurs engagements. Cet abus est celui que font
les huissiers de leur ministère.

Qui ne sait en effet que presque tous les huissiers, les
uns plus, les autres moins, abusent de leur ministère, et
exploitent à leur profit l'ignorance où l'on est des lois :
soit en signifiant des actes surabondants, c'est-à-dire
inutiles, soit en les surtaxant et comptant des droits
qui ne leur sont pas dus, des timbres qu'ils n'ont pas
fournis et des copies de pièces qu'ils n'ont pas faites ;
ce qui, comme je viens de le dire, cause souvent la ruine
de gens jusqu'alors honnêtes, mais qui, ne pouvant se
soustraire aux frais énormes dont ils sont accablés, se
voient forcés, ou de se mettre en faillite, ou de prendre
la fuite, emportant avec eux ce qu'ils ont de plus précieux, et ce qui était le gage de leurs créanciers, ces
derniers perdent par là tout ou majeure partie de leurs
créances, indépendamment des frais qu'ils sont obligés de
rembourser à l'huissier.

Cet ouvrage, que j'ai fait aussi succint et rendu aussi
clair que possible, est le résultat de vingt années d'expérience dans cette partie, pendant lequel laps de temps j'ai
été souvent à même d'observer ces hommes, qui, la plupart sans entrailles, et ne consultant qu'un intérêt sordide,
s'enrichissent des sueurs de l'homme victime des événe-
ments ou de l'usure, et dépouillent également et sans pitié

la veuve et l'orphelin, non pas dans l'intérêt de leurs clients ; mais bien , comme je viens de le dire, dans leur intérêt propre. Non pas encore parce qu'ils sont huissiers, mais parce qu'ils sont hommes, et qu'il faut toujours aux hommes un frein contre leur cupidité.

Or, quel frein oppose-t-on aux huissiers? puisqu'ils ne craignent même pas celui de la concurrence, attendu qu'ils sont privilégiés, et que leur nombre est limité? et comme ce sont des huissiers eux-mêmes qui jugent les huissiers, c'est-à-dire qui taxent ordinairement les actes de leurs confrères, il est permis de croire que dans leur intérêt personnel ils favoriseront ces derniers (ce qu'il serait facile de prouver), et ne réduiront la taxe de leurs actes qu'autant que la bienséance ne leur permettra pas de faire autrement. Autant vaudrait-il dire aux voleurs vous jugerez les voleurs.

En effet, est-il un vol plus manifeste que de faire pour 100 francs de frais à un débiteur, quand en lui en faisant pour 50 ou 60 francs, on peut arriver au même résultat. Et quel désagrément résulte-t-il pour un huissier d'une telle dilapidation? aucun; sinon qu'il est seulement obligé de restituer ce qui a été réduit de son mémoire (ce que l'on n'obtient que difficilement), sans craindre aucune punition, ni corporelle ni même pécuniaire.

Cependant tout le monde sait qu'un boulanger qui vendrait son pain plus cher qu'il n'est taxé par une simple ordonnance de police serait passible d'une amende, même de la prison, et verrait fermer son établissement en cas de récidive. Pourquoi n'en est-il pas de même à l'égard des huissiers? Aussi sont-ils prêts à recommencer leurs concussions aussitôt que l'occasion s'en représente, et l'on doit penser qu'elle ne tarde pas. Et si le malheureux débiteur qui a fait taxer son dossier retombe sous leur main, il lui font payer cher la restitution qu'ils lui auront fait. Cette crainte est cause que les débiteurs aiment mieux payer ce que les huissiers leur demandent que de soumettre leurs dossiers à la taxe.

On ne parviendra donc à extirper cet abus qu'en créant des juges taxateurs, auxquels les huissiers seraient tenus de soumettre leurs actes aussi régulièrement qu'ils le font pour les faire revêtir de la formalité de l'enregistrement. Ces juges pourraient être soumis eux-mêmes à des contrôleurs à qui les parties seraient libres de s'adresser, dans le cas où l'une d'elles se croirait lézée.

Mais pourquoi les huissiers ne seraient-ils pas soumis à un contrôle, puisque tous les administrateurs le sont ? Est-ce parce que l'on craint que ces derniers ne dilapident la fortune du gouvernement ? tandis que les huissiers ne peuvent dilapider que la fortune des particuliers. On conviendra cependant que la fortune des particuliers est sous la sauvegarde des lois aussi bien que celle du gouvernement.

Je crois donc pouvoir comparer les mémoires des huissiers en général, à ceux de certains ouvriers ou entrepreneurs, dans lesquels il y a au moins un tiers à rabattre, avec cette différence cependant, qu'aucune loi ne régissant le prix des travaux que ces ouvriers exécutent, il leur est libre de les porter plus ou moins cher, suivant les circonstances, sauf à en débattre le prix avec ceux qui les emploient ; tandis que tous les actes des huissiers étant taxés par la loi, ils ne peuvent outrepasser cette taxe sans se rendre coupables de concussion. Et tandis surtout qu'ils sont requis par des tiers qui ne croient pas toujours devoir s'adresser au plus équitable, attendu que les frais qu'ils leur font faire sont censés retomber sur celui qui est poursuivi. En conséquence, il serait donc nécessaire que tous les actes des huissiers soient soumis à la taxe, comme le sont ordinairement les mémoires des ouvriers ou entrepreneurs dont je viens de faire mention.

Mais comme l'importante innovation que je viens de signaler n'aura sans doute pas lieu encore de si tôt; je vais, en attendant cet heureux moment, tacher de mettre le public à même de se rendre justice lui-même.

En conséquence, et pour qu'il soit plus facile à chacun de le faire, j'ai divisé cet ouvrage en trois parties distinctes : dont chacune reproduit les arguments des deux autres, en des termes différents, pour l'intelligence du lecteur.

La première que j'intitule Confession d'un Huissier, démontrera quels sont les moyens que les huissiers emploient pour faire tourner à leur profit le vague de la loi et l'ignorance où chacun est sur cette matière.

La seconde que j'intitule Conseils que lui donne un

AMI, démontrera quels sont les actes superflus, ceux sur-
taxés et dans quel cas les huissiers peuvent être considérés
comme concussionnaires.

Et la troisième que j'intitule Avis au Public, indiquera
autant que possible quels sont les moyens à prendre pour
vérifier la taxe des actes des huissiers, et ne leur en payer
que ceux légalement faits.

On observera donc que chacun des articles de ces trois
parties, ayant du rapport entr'eux, se suivent, c'est-à-dire
que le § 1er de la 2me partie fait suite au § 1er de la
1re partie, et le § 1er de la 3me partie fait suite au § 1er de
la 2me, et ainsi de suite pour chacun des autres articles.
J'ai ajouté à la suite de cet ouvrage le texte des divers articles, tant du Code que des lois relatifs aux huissiers,
et qui y sont cités, ainsi que tous les renseignements
que j'ai cru utiles, et dont l'énumération est à la table.

Je crois d'abord devoir observer que quoique l'art. 45
de la loi du 14 juin 1813 (voir page 58), enjoigne aux huissiers de porter leurs copies eux-mêmes, on ne doit pas
s'en prévaloir et arrêter leurs clercs : ce procédé qui, à mon
avis, n'est pas délicat, vous met toute la corporation
sur les bras, et, tôt ou tard, on en est la dupe. Seulement MM. les huissiers, qui, fort souvent, et par des
motifs d'économie, emploient des jeunes gens pour porter
leurs copies, lesquels n'ont pas assez de prudence pour
ne pas décréditer une maison de commerce où ils les re-
mettent, et les jettent, soit sur un comptoir, soit sur tout
autre meuble se trouvant à leur portée, en présence de
toutes les personnes étrangères qui peuvent se trouver là;
MM. les huissiers, dis-je, devraient n'employer que des
hommes majeurs, et ayant les capacités et expérience
nécessaires pour cet effet. Car il faut faire la part à chacun et tenir compte des difficultés. Or, je soutiens qu'il
est de toute impossibilité que les huissiers de Paris puissent porter leurs copies eux-mêmes, seraient-ils dix mille,
car, la même loi veut aussi, art. 42 (voir page 57,
que les huissiers exercent leur ministère toutes les fois
qu'ils en sont requis, et sans acception de personnes. Or,
comment veut-on qu'un huissier qui, par les qualités qui
lui sont propres, s'est attiré une nombreuse clientelle, laquelle lui procure, à certaines époques, jusqu'à deux cents
copies à porter le même jour dans toute l'étendue du dé-

parlement ? Comment, dis-je, veut-on que cet huissier, qui, d'après l'article que je viens de citer, est obligé de faire tous les actes pour lesquels il est requis, puisse le faire ? indépendamment souvent d'un service particulier qu'il est tenu de faire près d'une cour ou d'un tribunal auquel il est attaché. Donc, ce que l'on peut faire de mieux c'est de ne leur payer que les actes qu'ils ont légalement faits, et ce qui leur est légitimement dû; tel est le seul moyen de les punir, et tel est le but que je désire atteindre en publiant cet ouvrage. Si j'ai réussi en cela, je croirai avoir rendu un grand service à la société, et avoir rempli un devoir envers elle.

En conséquence, et d'après les divers motifs qui m'ont déterminés à composer cet ouvrage. Je dis qu'il serait à désirer :

1° Que le nombre des huissiers, s'il n'est illimité, soit augmenté;

2° Que leurs charges cessent d'être vénales; car s'il en était ainsi, il est souvent des huissiers qui ont encouru la peine de la destitution auxquels on l'appliquerait, ce que l'on ne fait pas aujourd'hui dans la crainte de leur faire perdre le montant de leur charge qui, fort souvent, est le gage de leurs créanciers.

Peine qui, d'après cette considération, paraît trop sévère aux magistrats, et fait qu'ils ne leurs appliquent pas la loi toute les fois qu'elle serait applicable. Ce qui est cause que ces mêmes huissiers commettent de nouvelles exactions, qu'ils s'en font une habitude et sont tellement persuadés de l'impunité qu'ils ne tiennent aucun compte des avertissements de la loi.

S'il en était ainsi, dis-je, au lieu d'employer toutes sortes de moyens pour acquitter le montant de leurs charges le plus promptement possible et les revendre ensuite, s'il le peuvent, plus cher qu'il ne les ont achetées; les huissiers, n'ayant pas cette perspective, qui, comme on en voit de nombreux exemples, est souvent trompeuse, se complairaient dans leur état, et éviteraient avec soin de se mettre dans le cas de s'en voir déposséder, ce qu'il ne font pas aujourd'hui ; car la surveillance d'un procureur du roi, à laquelle ils sont assujettis, étant un joug qui leur devient d'autant plus insupportable qu'ils approchent du but qu'ils se sont proposé; ils affrontent le danger au hazard de se voir intimer l'ordre de vendre, seule punition qu'ils aient à craindre dans ce moment.

3° Qu'il soit créé des juges taxateurs auxquels les huissiers seraient tenus de soumettre leurs actes avant de s'en dessaisir, non-seulement isolément, mais collectivement, afin de les mettre à même de rejetter de la taxe tous ceux qui seraient inutiles ou faits hors ou avant les délais voulus par la loi; ce que l'on ne fait pas aujourd'hui, pas plus MM. les juges à la taxe, de qui on les soumet, que MM. les membre de la chambre des huissiers. Il suffit qu'un acte soit parfait pour qu'on le leur alloue, bien qu'il soit entaché de concussion.

C'est cependant un objet conséquent et auquel MM. les taxateurs devraient le plus faire attention; car, si un huissiers en surtaxant un acte ne peut le surtaxer que de quelques centimes, ou tout au plus de quelques francs, il peut augmenter le montant d'un mémoire de frais de 10, 15 ou 20 francs, quelque fois davantage, en y portant un acte inutile ou fait mal à propos, à plus forte raison s'il en porte plusieurs.

4° Qu'un huissier, dont le dossier aurait subi une réduction, soit pour la première fois puni d'une amende proportionnée à la somme portée de trop sur son mémoire.

Pour la seconde fois, indépendamment de l'amende, qui pourrait être le double de celle de la première fois, qu'il soit puni de la suspension.

Et, pour la troisième fois, qu'il soit destitué.

5° Pour donner de la légalité à la remise de leurs copies, et afin que les huissiers puissent se conformer à l'art. 42 de la loi du 14 juin 1813, qu'ils soient autorisés à employer leurs clercs pour les porter. Ces clers, devant avoir l'âge de majorité, avoir été soumis à un certain examen, et être porteurs d'un pouvoir de la part de l'huissier qui les emploie, sous la responsabilité personnelle de ce dernier.

Tels sont, je crois, les seuls moyens de faire cesser un scandale et des abus qui se perpétuent depuis des siècles, sans que l'on n'ait jamais pu parvenir à les extirper.

6° Il serait à désirer enfin que le § 8 de l'art. 69 du Code de procédure civile, qui dit (page 51) : *L'huissier affichera la copie d'assignation destinée à un débiteur dont les domicile ou résidence sont inconnus, aux portes des audiences du tribunal ou la demande est portée, soit supprimé.*

D'abord, parce que les huissiers font un abus scandaleux de cet article, qu'ils n'affichent jamais leurs exploits, et n'en perçoivent pas moins le droit, ce qui devient onéreux pour les parties, sans aucun bénéfice pour le gouvernement, qu'ils ont seuls le bénéfice des timbres qu'ils ne fournissent pas, et des copies et copies de pièces qu'ils ne font pas.

Ensuite, parce que l'art. 69, dont il s'agit, ne fait mention que des assignations; car il dit seulement : *seront assignés*, et, comme je viens de le dire plus haut : *La copie destinée à un débiteur dont les domicile ou résidence sont inconnus sera affichée à la porte des audiences du tribunal où la demande est portée.* Aucune loi, aucun article du Code ne fait mention des autres actes qui se trouvent destinés à des individus dont les domicile ou résidence sont inconnus.

Cependant les huissiers ont résolu ce problème en leur faveur, car ils affichent, ou plutôt ils font mention avoir affiché indistinctement tous les actes de leur ministère. ce qui est un vice de plus qu'il est nécessaire de supprimer; car en effet, où l'huissier doit-il afficher la copie d'un protêt fait à Paris, tandis que la procédure pourra s'instruire partout ailleurs? où affichera-t-il même la copie d'une assignation donnée à Paris pour comparaître également partout ailleurs? la copie d'une sommation à comparaître, soit au greffe, soit devant arbitre, etc. etc., et une foule d'autres actes conservatoires.

On voit donc que cette disposition, qui n'a jamais été utile à personne, sinon aux huissiers, peut faire naître une foule d'incidents et de nullités qu'il serait difficile de couvrir, et qui seraient dans le cas de faire perdre aux porteurs de titres leur recours contre les endosseurs.

7° Il serait à désirer encore que les huissiers soient tenus d'assigner à comparaître devant MM. les juges de paix, dans les affaires et pour les effets de commerce dont le montant est de la compétence de ces derniers.

D'abord, parce que la procédure des justices de paix

est plus expéditive que celle des tribunaux de commerce ; ensuite parce que les frais en sont moins conséquents ; car il est terrible de penser qu'un malheureux qui n'a pas pu payer à son échéance un billet de 3o francs et quelquefois moins, se voie en quinze jours de temps, faire des frais pour 5o fr. et quelquefois davantage.

Dans le cas dont il s'agit, il serait juste que chaque huissier ait le droit d'assigner devant le juge de paix qui se trouve dans l'arrondissement où il a le droit d'exploiter, car c'est la raison contraire qui est cause que les huissiers, pour se conserver le procédure, assignent devant les tribunaux de commerce pour des sommes les plus minimes, n'en voulant pas donner le bénéfice à leurs confrères les huissiers audienciers des justices de paix.

DIALOGUE

ENTRE UN HUISSIER ET SON AMI.

Bonjour, M. Rabajoie. — Ah! bonjour, mon cher Dargencourt. Quelles bonnes nouvelles me procurent le plaisir de votre visite? — L'objet de ma visite, M. Rabajoie, est pour vous faire part de ma nomination à l'office d'huissier, ayant prêté serment en cette qualité. — Bah !!! et avec qui avez-vous traité ? — Avec M. Broutillard mon patron.—Combien payez-vous votre charge? — Cent mille francs. — Cent mille francs !!! Mais comment payerez-vous cette somme ; car , si je ne me trompe, vous n'avez pas de fortune ? Je sais bien que la loi rétribue grassement les huissiers, qu'elle les favorise beaucoup ; mais encore , à moins que vous ne fassiez vingt-cinq à trente actes par jour, je ne vois pas trop comment vous vous en tirerez ? Et si vous avez calculé les intérêts de cette somme, les frais de clercs et de maison, un loyer fort cher, les impositions et patente, et toujours quelques non-valeurs , vous avez du voir que le tout se monterait au moins de dix-huit à vingt mille francs par an : je ne vois pas trop comment vous réaliserez en sus de cette somme pour rembourser le capital.

— Je conviens, M. Rabajoie, que, s'il fallait s'en tenir à ce que la loi nous accorde, une charge, qui, comme la mienne , se vend cent mille francs , n'en vaudrait pas dix mille ; mais nous savons faire ce que nous appelons de la *broutille* : ce qui renfle nos dossiers et les garnit de beaucoup d'actes dont nous pourrions nous abstenir, et ce qui nous met à même de payer nos clercs promptement, et de réaliser après quelques années de travail, une fortune avec laquelle nous pouvons nous passer de travailler davantage, car voilà dix ans au plus que M. Broutillard , mon prédécesseur, est huissier , et il se retire avec dix à douze mille francs de rente.

— Parbleu , mon cher Dargencourt , je voudrais bien savoir comment vous faites ce que vous appelez de la *broutille ?* car enfin là la loi est là , et si l'on vous surprenait en concussion, vous courreriez risque d'être destitué.

— C'est ce que nous ne redoutons guère , M. Rabajoie; car si l'on porte quelquefois des plaintes contre nous, elles sont renvoyées devant la chambre de discipline , qui, comme vous le savez , est composée d'huissiers, ayant eux-mêmes besoin d'autant d'indulgence que nous. Là , nous en sommes quittes pour une petite admonition pour la forme ; ce qui ne nous empêche pas de recommencer aussitôt que l'occasion s'en représente ; car nous disons pour adage : *tous les dossiers ne vont pas en taxe.* D'ailleurs , les débiteurs n'osent pas trop porter plainte contre nous , car ils ont souvent besoin de quelques délais, de quelques faveurs , que nous prenons sur nous de leur accorder : bien entendu quand nous n'avons plus aucun intérêt de leur refuser. Ensuite , ils craignent de retomber dans nos mains , et qu'alors nous leur fassions payer le désagrément que nous aurions pu éprouver de leur part.

Dans tous les cas, je vais vous instruire de quelle manière nous procédons, et vous verrez, si nous faisons quelques pécadilles , qu'elles sont assez minimes, et que nous avons le talent de plumer la poule sans la faire crier.

— Voyons , mon cher Dargencourt , faites-moi votre confession, et comme vous savez que j'ai quelques notions des lois et quelques connaissances sur la pratique, je vous ferai mes observations, et vous donnerai des conseils si je le crois utile.

CONFESSION D'UN HUISSIER,

CONSEILS QUE LUI DONNE UN AMI,

ET AVIS AU PUBLIC.

CONFESSION D'UN HUISSIER. 1er ART.

DU PROTET.

Je prendrai pour exemple la procédure commerciale,
qui est celle que nous suivons nous-mêmes le plus ordinairement, et d'après laquelle vous jugerez comment
nous instrumentons dans toutes les autres procédures.

1° Vous savez qu'avant d'introduire la procédure commerciale, nous faisons d'abord le protêt lorsqu'il s'agit
d'un effet de commerce : nous commençons donc par
nous assurer s'il y a bon nombre d'endosseurs ; et, si
nous voyons qu'il y ait lieu, sans inconvénient, d'en
ajouter quelques-uns, nous le faisons endosser, soit par
nos clercs, soit par quelques compères qui se prêtent
à nous rendre ce service : nous en faisons alors le protêt
sans jamais en laisser de copie, ce qui déjà nous fait
une petite économie qui se retrouve à la fin de l'année ;
car je suppose qu'il se fasse trois mille protêts dans une
étude, vous voyez que l'on y économise environ 1100 fr.
de papier timbré. Ensuite nous comptons pour droit de
transcription du titre sur le répertoire des protêts,
25 cent., et pour la transcription du protêt, 75 cent.;
pour le papier que nous employons, tant sur le répertoire des protêts, que sur celui des actes, nous comptons
45 cent., ce qui est encore une spéculation; car ce
papier de nos registres, dont nous employons peut-
être pour la valeur de 5 cent., en le comptant 45 cent.,
nous procure un bénéfice de 40 cent., qui, joint à

celui de 1 fr. pour droit de transcription, nous fait un bénéfice de 1 fr. 40 cent. par chaque protêt, et conséquemment de 4200 fr. pour une étude où il se fait 3000 protêts. Et si les débiteurs sont en mesure, et nous offrent le montant de leurs effets, lorsque nous les leurs présentons pour en faire le protêt, nous exigeons d'eux une somme de 2 fr. pour notre course et droit de réception de deniers.

Vous saurez aussi que nous faisons des protêts pour les billets qui n'ont pas d'endosseurs, quoique cependant nons savons que cela est inutile, dans certains cas nous recevons la réponse du demandeur lui-même.

Nous dénonçons le protêt le plutôt possible, et avons soin de porter sur l'original de cet acte tous les endosseurs, en ayant soin aussi de ne pas donner de copie à ceux avec qui nous sommes d'accord. Vous voyez que cela nous fait une nonvelle économie qui devient d'autant plus lucrative qu'elle multiplie le nombre de rôles sur l'expédition du jugement.

CONSEILS D'UN AMI. 1er ART.

D'après ce que je vois par votre premier article; si vous qualifiez mon cher Dargencourt cette manière de vous approprier ce qui ne vous est pas dû de peccadilles: convenez que vous êtes bien tolérant? quant à moi je ne le serai pas autant que vous, car je considère cette manière de procéder comme frustratoire, et devant vous mettre dans le cas d'être taxé de concussionnaire *puisque tel est le terme dont la loi se sert pour qualifier ces sortes de vols.* (Pardon, mon cher Dargencourt, mais j'ai pour habitude d'appeler les choses par leur nom.) Je me permettrai donc de vous faire mes observations, et de vous donner quelques conseils, que je vous invite à suivre pour l'acquit de votre conscience et pour votre propre tranquilité. Car je doute que vous puissiez être bien tranquille, lorsque journellement vous vous mettez dans le cas d'être appelé devant un procureur du roi, d'être destitué ou tout au moins suspendu de vos fonctions.

Je répondrai donc à votre premier article, 1° qu'ajouter des endosseurs au dos d'un effet que l'on vous confie constitue un faux, qui, si vous étiez convaincu de l'avoir fait ou favorisé, vous conduirait droit au bagne après avoir été marqué du sceau de l'infamie.

2°. Ensuite vous devez nécessairement laisser une copie du protêt au débiteur, *voyez l'art.* 176 *du code de commerce, page* 53. Votre acte sans cela est entaché de nullité : et peut, indépendamment des peines portées contre vous, priver le porteur du titre de son recours contre les endosseurs : et conséquemment vous faire condamner en des dommages intérêts envers lui. Vous me direz sans doute qu'il serait difficile de prouver que vous n'avez pas remis de copie, puisque foi est dû à votre acte. Mais il est bon de se méfier des circonstances, qui, si l'on tenait à fournir cette preuve, pourraient bien en donner les moyens.

Quand à la somme de 1 f. 45 c. que vous réclamez, tant pour transcription du titre et protêt sur vos répertoires que pour le papier de ces répertoires que vous employez pour cela, attendu que c'est une mesure d'ordre qui vous est imposé par la loi, (et non un objet de spéculation comme vous le faites, puisque de chaque feuille de papier qui vous coute 1 f. 40 c., vous en retirez 28 ou 30 f.) attendu que vous ne donnez par votre acte aucune preuve au débiteur de cette transcription, qu'il n'a aucun moyen de vérifier si vous la faites, qu'il ignore même si vous êtes tenu de la faire, et attendu que le tarif des frais et dépens, seule loi en vigueur et dans lequel est compris le coût de tous les actes de votre ministère, ne fait aucunement mention de ce droit, il ne vous est pas dû. Et le coût de votre protêt est comme celui de tous les autres actes de première classe, dans le cas cependant où il n'y aurait qu'un seul titre. Vous voyez donc qu'il y a concussion en le portant à 6 f. 85 c. au lieu de 5 f. 40 c., de même il ne vous est rien dû pour droit de réception de deniers, aucune loi ne vous alloue ce droit : c'est donc encore un concussion de votre part.

Quant à un protêt fait à l'égard d'un titre où il n'existe pas d'endosseurs, c'est un acte purement frustratoire. Attendu que le protêt ne se fait que pour prouver aux endosseurs que les diligences ont été faites en temps et lieu, et qu'il n'y a pas eu négligence de la part du porteur

du titre, s'il n'a pas été acquitté à son échéance. (Voy.
l'art. 132 du Code de procédure, page 51, relativement
aux huissiers qui auront excédés les bornes de leur ministère.) D'ailleurs, comment voulez-vous que l'on qua-
lifie la démarche que vous êtes censé faire auprès du
porteur du titre lui-même, de qui vous recevez une
réponse, d'après laquelle vous faites votre protêt. Si
l'on ne savait que c'est une spéculation de votre part,
vous conviendrez qu'une semblable démarche serait avec
raison qualifiée de folie, et que vous vous mettriez dans
le cas de vous faire conduire aux Petites-Maisons.

AVIS AU PUBLIC. 1er ART.

On voit d'abord, d'après ce premier article, combien
les huissiers profitent de l'ignorance où l'on est des lois
et des devoirs que leur impose leur état. Cependant, il
ne faut pas croire que tous les huissiers se mettent dans
le cas de faire les exactions que je viens de signaler,
c'est-à-dire, d'ajouter des endosseurs au dos des titres
qu'on leur confie. Mais il suffit qu'il y en ait quelques-
uns qui le font, pour que je me croie obligé de les
signaler.

En conséquence, je vais indiquer aussi clairement et
aussi brièvement que possible, quels moyens on peut
employer pour s'éviter de payer plus de frais que l'on
n'en doit réellement.

1° S'il s'agit d'un effet de commerce, on doit con-
naître ou demander le nom et l'adresse de la personne
qui en est porteur lorsqu'elle se présente pour en réclamer le payement. Et le lendemain, lorsque l'huissier se
présente pour en faire le protêt, ce doit être à la requête
de la même personne, à moins que l'un des endosseurs
n'ait remboursé. Si c'est à la requête d'un endosseur
ajouté après celui qui s'est présenté au remboursement,
(ce qu'il sera facile de vérifier en examinant la copie du
titre qui doit être portée en tête de celle du protêt si
on en reçoit une, ou en tête de celle de l'assignation),
on peut accuser l'huissier d'avoir fait ou favorisé un faux.

2° Si, comme c'est toléré dans Paris, l'huissier ne
donne pas la copie du protêt, on peut se refuser d'en

payer le timbre et le droit de copie et de copie de pièces, ou s'en référant (à l'art. 176 du Code de commerce. Voy. page 53), exiger une copie.

3º La loi n'allouant rien aux huissiers, ni pour transcription sur leurs répertoires, ni pour le papier de ces répertoires, on a le droit de leur refuser la somme qu'ils réclament pour cet objet ; et pour avoir plus facilement la preuve de cette concussion, il faut exiger d'eux, ainsi que le veut la loi, qu'ils portent en marge de leur acte, le détail du coût d'icelui, ainsi que sur tous les autres actes de leur ministère. Ce qui leur fera craindre que l'on n'ait l'intention de les soumettre à la taxe, et fera qu'ils y regarderont à deux fois avant de les surtaxer.

4º Il ne leur est rien dû non plus pour course et réception de deniers, attendu qu'aucune loi ne les autorise à percevoir les 2 fr. qu'ils réclament. Et, attendu que ce sont ordinairement leurs clercs qui sont chargés de présenter les effets : au lieu que la loi veut que ce soit l'huissier lui-même, assisté de deux témoins. (Voy. l'article 173 du Code de commerce, page 53.)

5º Un protêt fait au sujet d'un effet de commerce, au dos duquel il n'y a pas d'endosseurs, est un acte frustratoire : on a le droit d'en refuser le payement, et même on serait reçu à porter plainte contre l'huissier qui aurait fait un pareil acte.

CONFESSION D'UN HUISSIER. 2e ART.

DES SOMMATIONS.

S'il s'agit d'un mémoire ou de tout autre objet, nous commençons par faire une sommation simple, et le lendemain, ou au plus tard deux jours après, nous donnons assignation, ce qui nous procure deux actes au lieu d'un, indépendamment des copies de pièces que nous avons soin de reproduire sur chacun de ces actes, et dont nous comptons les rôles plutôt en plus qu'en moins.

CONSEILS D'UN AMI. 2e ART.

Comme une sommation, dans le cas dont il s'agit, ne produit aucun effet, qu'elle est même inutile, il doit y être ajouté une assignation; autrement il y a concussion, et votre sommation doit être rejettée de la taxe; car tout acte doit faire avancer la procédure, et vous voyez qu'elle est restée après votre sommation au même point qu'auparavant, puisque les délais pour obtenir jugement ne courent pas. Une sommation simple ne doit être faite qu'autant qu'elle est acte conservatoire, ou lorsque l'objet pour lequel elle est faite peut avoir lieu sans qu'il soit besoin de donner assignation.

AVIS AU PUBLIC. 2e ART.

Dans le cas dont il s'agit, lorsque l'huissier fait une sommation, il doit, par le même acte, donner assignation, pour le cas où l'on n'obtempérerait pas à la sommation. Une assignation qui serait donnée ensuite de cette sommation, à moins qu'il n'y ait au moins quinze jours entre les dates de ces deux actes, doit annuler la sommation, et conséquemment la faire rejeter de la taxe.

CONFESSION D'UN HUISSIER. 3e ART.

DES COPIES DE PIÈCES.

Aussitôt le jugement rendu, nous nous empressons d'en demander l'expédition; et, comme vous savez sans doute que les greffiers ou leurs expéditionnaires ont le talent de multiplier les rôles, soit en y insérant des phrases inutiles, soit en ne mettant que six à sept syllabes à la ligne, au lieu de dix, comme le veut la loi; nous faisons notre profit de cela lorsque nous faisons nos copies de pièces; et, quoique nous supprimions les phrases inutiles, nous n'en comptons pas moins le nombre de rôles portés dans la grosse.

CONSEILS D'UN AMI. 3e ART.

Votre devoir est, lorsque vous recevez la grosse d'un jugement, d'examiner si les rôles sont bien complets, c'est-à-dire s'il y a bien vingt lignes à la page et dix syllabes à la ligne (voir l'art. 28 du tarif des frais et dépens, page 54). Dans le cas contraire, vous devez en faire faire la rectification au greffe, en faire supprimer les phrases inutiles, réduire les rôles et déduire le cout du papier employé de trop, et ce, non-seulement dans l'intérêt du débiteur, mais encore dans l'intérêt de vos clients qui, comme vous le savez, sont souvent obligés de vous rembourser les frais, après avoir perdu le montant de leurs créances.

AVIS AU PUBLIC. 3e ART.

Quand aux copies de pièces en général, il est dû un rôle pour la copie d'un titre ou de toute autre pièce de peu d'étendue. Ce que l'on nomme un rôle se compose de deux pages de grosse ou d'expédition : chaque page doit contenir vingt lignes, et chaque ligne dix syllabes, ce qui fait 400 syllabes. Conséquemment, il n'est dû qu'un rôle pour toute copie de pièces qui ne contient pas plus de 400 syllabes. Mais si l'huissier compte plusieurs rôles dans sa copie de pièces, on pourra compter combien il y a de fois 400 syllabes, et on s'assurera combien il y a de rôles.

Pour faciliter cette opération : en supposant que la copie de pièces soit étendue, on prendra trois lignes indistinctement, desquelles on comptera les syllabes : on divisera la quantité de syllabes qu'elles contiennent ensemble par tiers ; ce tiers donnera approximativement le nombre de syllabes que contient chaque ligne : il suffira alors de compter les lignes et multiplier,

EXEMPLE :

1re ligne, 32 syllabes.   }   Total, 96 syllabes, dont le
2e ligne, 34 syllabes.   }   tiers est 32.
3e ligne, 30 syllabes.   }

Je suppose la copie de pièces de 50 lignes à 32 syllabes chacune, le total est de 1600 syllabes qui forment quatre rôles.

Comme la loi veut que les copies de pièces soient correctes et lisibles, elle exige que les huissiers ne mettent que 35 lignes à la page de petit papier, qui est celui dont ils se servent ordinairement. (Voy. l'art. 1er de la loi du 29 août 1813, page 58.) Mais comme ils en mettent beaucoup plus, et qu'ils comptent ordinairement plus de papier qu'ils n'en fournissent, on ne doit leur tenir compte que de celui qu'ils fournissent réellement. C'est déjà un cas qui prouve qu'il est nécessaire de conserver ses copies.

J'insiste sur l'article des copies des pièces, attendu que c'est là où les huissiers font ce qu'ils appellent leur beurre, soit en les reproduisant plusieurs fois, soit en comptant plus de rôles qu'il n'en existe réellement. Et attendu surtout que c'est un objet qui multiplie considérablement les frais d'une procédure. En conséquence, on ne doit pas s'en rapporter au nombre de rôles portés dans la grosse d'un jugement ; car souvent l'huissier ne fait que six rôles d'écriture dans la copie de pièces, tandis que la grosse en contient huit et même davantage. Donc, si six rôles suffisent pour donner une connaissance parfaite au débiteur du jugement obtenu contre lui, on ne doit d'abord tenir compte à l'huissier que de six rôles par copie ; ensuite on doit rejeter de la taxe les rôles d'expédition qui se trouvent de surplus, ainsi que le papier qui aura servi à leur confection, ce qui ne manque pas d'être un objet assez important, surtout lorsqu'il se trouve plusieurs coobligés, c'est-à-dire, lorsqu'il y a plusieurs copies de pièces. D'ailleurs, les copies entre les mains des débiteurs, sont pour eux des originaux, puisqu'ils n'ont connaissance de ce que contiennent les originaux que lorsque ce ne leur est plus nécessaire, c'est-à-dire, quand l'affaire est terminée et qu'ils l'ont soldée en capital, intérêts et frais, ils ne peuvent donc s'en rapporter qu'à leurs copies.

Je citerai un exemple qui prouvera combien les huissiers exploitent à leur profit les copies de pièces. Pour les copies d'un rôle d'expédition de notaire, qui est de 25 lignes à la page et de 15 syllabes à la ligne, conséquemment de 750 syllabes, ce qui ne fait pas tout à fait deux rôles de grosse, les huissiers comptent 1 fr., c'est-à-dire, la valeur de quatre rôles, et la chambre leur alloue cette somme. On conviendra que c'est une concussion que l'on ne peut tolérer.

CONFESSION D'UN HUISSIER. 4ᵉ ART.

DES SIGNIFICATIONS.

Aussitôt que l'on nous délivre l'expédition d'un jugement, nous nous empressons d'en faire la signification simple : dès le lendemain de cette signification, ou quelquefois le surlendemain, nous faisons un commandement simple. Et presque toujours le lendemain de la date de ce commandement, nous faisons une seconde signification de jugement avec commandement tendant à contrainte par corps lorsqu'elle a été prononcée ; il nous arrive même de signifier cet acte à des héritiers et à des syndics de faillite. Enfin, quelquefois le jour même de ce dernier acte, agissant en vertu du premier commandement, nous faisons un procès-verbal tendant à saisie si ⬛⬛⬛ un jugement par défaut ; ayant soin dans ce cas d'engager le débiteur à former opposition sur notre procès-verbal et de le réitérer dans les trois jours, ce que nous nous chargeons souvent de faire nous-mêmes, afin d'avoir à faire une seconde procédure ; ou, si c'est un jugement contradictoire, nous opérons la saisie.

CONSEILS D'UN AMI. 4ᵉ ART.

Je vois là quatre actes bien rapprochés ; et l'on pourrait, pour éviter une concussion, réduire les trois premiers en un seul. Par exemple, d'abord vous faites une signification simple ; le lendemain ou le surlendemain, un commandement simple, et le lendemain ou le surlendemain de ce commandement, vous faites une seconde signification avec commandement tendant à l'exécution du jugement, non seulement par les voies de droit, mais même par la voie de la contrainte par corps.

Je soutiens 1° que, comme à l'égard des sommations, les deux premiers actes doivent se faire en un seul, attendu, comme je vous l'ai déjà dit, *que tout acte doit faire avancer la procédure*, et que lorsque vous avez fait votre signification simple, les délais ne courent pas pour l'exécution du jugement. (Voy. l'art. 583 du code de procédure, page 52.) Et une preuve que ces deux actes peuvent se faire en un seul, vous la donnez vous-même par votre 3e acte, dans lequel vous reproduisez les dispositions des deux premiers, auxquels vous ajoutez ces mots : *et par corps*. Ce dernier acte rend donc les deux premiers inutiles, conséquemment frustratoires ; et pour ce, ils doivent être rejetés de la taxe. (Voy. l'art. 71 et le 2e alinéa de l'art. 435 du Code de procédure qui dit : *le jugement sera exécutoire un jour après la signification*. Et comme l'art. 583 dit : *toute saisie exécution sera précédée d'un commandement fait au moins un jour avant la saisie*. Vous voyez que la loi vous enjoint en quelque sorte, ce même dans l'intérêt du demandeur, et pour accélérer la procédure, de faire votre commandement à la suite de la signification. Puisque d'une part le jugement est exécutoire un jour après la signification, et que de l'autre part, il ne peut être exécuté qu'un jour après le commandement.

Quelle est la loi, par exemple, dans le cas dont il s'agit, vous autorise à donner deux fois les mêmes copies de pièce, et à faire deux commandements avant la saisie. Cette loi n'existe pas et ne peut exister, car elle serait absurde. (Voyez encore l'art. 583 du Code de procédure civile.) Vous voyez, mon cher DARGENCOURT, qu'il suffit d'une seule signification et d'un seul commandement, et qu'il y a concussion en en faisant deux.

Je vous ferai encore une objection, qui sera bien aussi impérieuse que la précédente. Par exemple, dans le cas d'un jugement par défaut, la loi veut (art. 435 du Code de procédure, page 52), que ce jugement soit signifié par un huissier commis. Cette signification faite, l'huissier a rempli son mandat, et n'a plus le droit d'en faire une seconde. La loi le reconnaît, quand, par (l'art. 784 du même Code, page 53), elle dit : relativement aux significations à faire avec commandement tendant à contrainte par corps. *S'il s'est écoulé plus d'un an depuis la date du premier commandement, il en sera fait un autre par un huissier commis*. Donc, comme je viens de vous le dire, l'huissier qui a fait la première signification a rempli son mandat ; et s'il en fait une seconde, il est passible des peines portées par (l'art. 132 du Code de procédure, page 51), pour avoir excédé les bornes de son ministère.

Vous m'objecterez sans doute que le tribunal de Commerce de Paris, dans le cas d'un jugement par défaut, et lorsqu'il a prononcé la contrainte par corps, commet l'un de ses huissiers audienciers, conformément aux (articles 435 et 780 du Code de procédure.) Le tribunal de Commerce a raison, et c'est encore un argument à rétorquer contre vous. La loi, dans le cas d'un jugement par défaut, comme dans le cas où la contrainte par corps est prononcée, veut que la signification en soit faite au débiteur par un huissier commis. (Voyez les deux articles précités, page 52 ; voy. en outre les termes de l'art. 51 du tarif, page 55.) C'est pourquoi le tribunal commet l'un de ses huissiers audienciers conformément à ces deux articles ; car, s'il ne le commettait que conformément à l'art. 435, par exemple, l'huissier commis ne pourrait pas signifier le jugement avec commandement, tendant à contrainte par corps, et il serait nécessaire d'en commettre un autre pour le signifier. C'est donc pour éviter deux significations qu'il commet le même huissier conformément à ces deux articles.

Donc, si l'on ne doit faire qu'une seule signification dans le cas d'un jugement par défaut, à plus forte raison, dans le cas d'un jugement contradictoire, puisque le débiteur ou son fondé de pouvoir, étant présents à l'audience lors du prononcé du jugement, en ont connaissance.

Ensuite, le jour même du second commandement, ou au plus tard le lendemain, vous opérez une saisie : cet acte est au moins vexatoire s'il n'est pas frustratoire. (Voy. toujours l'art. 583 du Code de procédure civile.) Car le débiteur peut être à même d'acquitter sa créance dans le délai de vingt-quatre heures que vous lui accordez par votre second commandement. Ensuite, puisque vous lui accordez de nouveau vingt-quatre heures, vous ne devez lui faire aucun frais avant ce délai expiré ; car, comme vous devez le savoir : *qui a terme ne doit rien.* Conséquemment, les frais que vous aurez faits avant l'expiration du nouveau délai que vous aurez accordé, doivent être nuls et rester à votre charge.

Vous savez sans doute aussi que le délai de vingt-quatre heures que vous accordez, ne court qu'autant qu'il n'y a pas d'interruption, c'est-à-dire, lorsqu'il n'y a pas un dimanche ou un jour férié entre les dates de vos deux actes. Par exemple, lorsque vous faites un commandement le samedi à neuf heures du soir, et que vous vous présentez le lundi à cinq ou six heures du matin pour saisir, comment voulez-vous qu'un débiteur qui se trouve à même d'acquitter sa créance? ait pu le faire le dimanche où tous les bureaux, tous les magasins, vos études mêmes sont fermés, et que vous êtes vous-mêmes absent de votre domicile? Dans ce cas, le délai que vous avez accordé doit être considéré comme fictif, et votre procès-verbal déclaré nul. Il en doit-être de même pour une assignation, une sommation, ou tout autre acte, accordant un délai de vingt-quatre heures.

Quand à ce qu'il s'agit d'exciter le débiteur à former opposition, vous ne devez jamais le faire, et ce, dans l'intérêt de votre client, c'est au débiteur à prendre conseil de qui bon lui semble, autre que vous, et d'agir, dans ce cas, sans aucune impulsion de votre part,

AVIS AU PUBLIC. 4e ART.

Lorsque l'huissier signifie un jugement, ou tout autre acte. Si les copies de pièces se trouvent imprimées, lithographiés ou authographiés; à mon avis, l'on ne doit être tenu qu'aux frais d'impression (voir l'art. 38 du tarif des frais et dépens, page 55), auquel ce cas peut s'adapter. Dans les affaires compliquées, c'est-à-dire lorsqu'il y a de nombreux défendeurs, les huissiers ou tous autres officiers ministériels font imprimer ou lithographier leurs copies de pièces. Il n'est pas rare qu'ils comptent pour trois à quatre cents francs de rôles, quand les frais d'impression leur content quinze à vingt francs: on conviendra que c'est intolérable.

Si, dès le lendemain, ou quelques jours après la signification, l'huissier fait un commandement simple, il devra être rejeté de la taxe, attendu qu'il a la faculté de le faire, et qu'il doit le faire à la suite de la signification et par le même acte, comme je viens de le démontrer ; et attendu qu'entre la date de la signification et celle du commandement, la procédure est restée stationnaire, et que tout acte doit la faire avancer.

Lorsqu'à la suite de ces deux actes, et lorsqu'il y a contrainte par corps, l'huissier fait une seconde signification avec commandement, cet acte annule les deux autres, en ce qu'il les rend inutiles, attendu qu'il contient non-seulement les dispositions qui lui sont propres ; mais encore celles propres aux deux autres, et attendu surtout que dans le cas dont il s'agit, aucune loi n'autorise un huissier à donner deux fois les mêmes copies de pièces, à faire deux significations et deux commandements, donc il y a concussion.

Quand, dès le jour même ou dès le lendemain de la date du second commandement, l'huissier agissant en vertu du premier commandement fait un procès verbal de saisie. Comme par ce second commandement il a accordé un nouveau délai qui est d'au moins vingt-quatre heures, lequel délai n'est pas expiré ; attendu que l'huissier ne peut pas préjuger l'intention du débiteur, et attendu que *qui a terme ne doit rien*. Ce procès verbal est nul et ne doit pas passer en taxe.

CONFESSION D'UN HUISSIER. 5e ART.

DES OPPOSITIONS.

Si, comme je viens de vous le dire, c'est un jugement par défaut et que nous parvenions à faire former opposition, et réitérer dans les trois jours, comme à la suite de l'opposition dont nous ne donnons jamais les motifs (quoique la loi l'exige), on assigne à long délai ; cela nous donne lieu à donner une assignation en débouté d'opposition, par laquelle nous ajournons à plus court délai, et obtenons assez ordinairement un jugement de débouté d'opposition que nous signifions le plutôt possible, ayant soin de reproduire la copie du premier jugement, ce qui fait que nous donnons trois et même quatre fois les mêmes copies de pièces, et comme ici à Paris nous avons la faculté de nous servir d'imprimés dans lesquels il n'y a que quelques blancs à remplir, tels que les dates, les noms et qualités des parties et les sommes ; il résulte de cela qu'un clerc, dans une journée de travail, peut facilement copier de quatre à cinq cents rôles au lieu de quatre-vingt à cent, s'ils étaient faits à la main, ce qui ne nous empêche pas, comme vous devez le penser, d'en compter le coût à 25 centimes.

CONSEILS D'UN AMI. 5e ART.

Le débiteur ayant formé opposition, vous ne devez pas l'assigner en débouté d'opposition, à moins que le délai de comparution indiqué à la suite de son opposition ne soit absolument trop long (voy. l'art. 438 du Code de procédure civile, pag. 52) et vous ne devez jamais vous prêter quand vous formez des oppositions vous-mêmes, d'assigner à long délai ; car, où le débiteur a des raisons pour le faire, et vous devez les déduire, où il n'en a pas ; dans le premier cas il les fera aussi bien valoir deux jours après son opposition que quinze jours plus tard, et, dans le second cas (voy. l'art. 437 du Code de procédure civile, pag. 52), il est donc inutile de favoriser l'un de vos confrères à faire un acte qui est au détriment de l'une des parties ; et le jour où un débiteur a assigné pour faire valider son opposition, vous devez avoir soin de comparaître ou faire comcomparaître pour plaider vos moyens de débouté ; et si l'opposant ne se présente pas, pour obtenir contre lui un jugement de défaut congé, d'après lequel vous pouvez exécuter le premier jugement qui, par ce fait, est devenu contradictoire.

Ensuite, comme vous avez la faculté de vous servir d'imprimés pour ces sortes de copies de pièces : vous n'avez pas le droit de compter le coût des rôles qui sont imprimés ; mais bien les frais d'impression, et seulement le peu de rôles que vous auriez fait à la main (voyez l'art. 38 du tarif des frais et dépenses, page 55), dont les dispositions doivent s'adapter au cas dont il s'agit.

AVIS AU PUBLIC. 5e ART.

Lorsque l'on a formé opposition à un jugement par défaut, et que l'on a assigné à bref délai (ce que l'on doit toujours faire), pour faire statuer sur cette opposition,

l'huissier du demandeur au principal ne doit pas assigner
en débouté d'opposition, mais seulement comparaître sur
l'assignation donnée à son client. Son assignation en débouté doit être considérée comme nulle et rejetée de la
taxe, à moins que des circonstances impérieuses ne l'aient
nécessitée.

Lorsque les motifs d'opposition ne sont pas suffisants,
le tribunal prononce un jugement de débouté d'opposition ; lorsque l'hnissier le signifie, il ne doit pas donner
une nouvelle copie du premier jugement, attendu, comme
je l'ai dit plus haut, qu'il ne doit pas donner deux fois,
encore moins trois fois la même copie de pièces. Il peut
seulement, et doit même relater dans son acte la date de
la signification du premier jugement : tel est mon avis.

Quant aux copies de pièces, c'est encore le cas de re-
commander aux débiteurs de conserver leurs copies, afin
de prouver au taxateur qu'elles sont imprimées, et qu'il
n'est pas dû à l'huissier le nombre de rôles compris dans
les copies de pièces, et qui lui seraient dues si elles étaient
faites à la main.

CONFESSION D'UN HUISSIER. 6e ART.

DES SAISIES.

Lorsque nous opérons une saisie, nous faisons en sorte
de la prolonger de manière à pouvoir compter plusieurs
vacations ; ensuite nous constituons assez ordinairement
l'un de nos clercs pour gardien, et, quoiqu'il ne reste pas
à demeure dans les lieux, nous n'en comptons pas moins
nos frais de garde, que nous nous approprions, attendu
que nos clercs, qui souvent sont gardiens de plusieurs
saisies en même temps, n'ont pas à se déplacer, et qu'ils
se contentent de leurs appointements, qui sont ordinairement très modiques.

CONSEILS D'UN AMI. 6e ART.

Lorsque vous opérez une saisie, vous ne devez compter
qu'une vacation, à moins que la saisie ne soit conséquente,
et qu'il soit bien avéré que vous n'avez pas pu faire l'o-
pération en trois heures (voyez l'article 151 du tarif des

frais et dépens , page 57). Ensuite, c'est seulement lorsqu'il y a péril en demeure, et lorsque vous êtes obligé de laisser un gardien dans les lieux, qui y reste réellement, et ne s'en absente pas , que vous avez le droit de réclamer les frais de garde (voyez l'art. 26 du tarif, page 54). Autrement, comme la loi vous y autorise, vous devez constituer le saisi lui-même gardien de la saisie (voyez l'art. 598 du Code de procédure, page 52). Car, vous concevez que si le saisi, en l'absence du gardien, détourne une partie de ses effets, c'est une responsabilité que vous assumez sur la tête de ce dernier, et qui devra nécessairement retomber sur vous, si au cas, comme il arrive ordinairement, le gardien n'a pas les moyens de couvrir le déficit qui se trouverait dans les objets saisis, lors de leur récollement.

AVIS AU PUBLIC. 6e ART.

Lorsque l'huissier opère une saisie, on doit tenir à ce qu'il l'accélère le plus promptement possible; car tout le temps qu'il perd inutilement, il le tourne à son profit. Il doit laisser, tant au saisi qu'au gardien, à chacun une copie qui constate non-seulement les objets saisis, mais encore le temps qu'il aura mis à faire l'opération; à moins qu'il n'ait mis plus de trois heures, il ne doit compter qu'une seule vacation ; il doit, pour éviter les frais de garde, s'il n'y a pas présomption de mauvaise foi, constituer le saisi lui-même gardien de ses effets. Mais, dans tous les cas, il n'est dû de frais de garde qu'autant que le gardien sera resté à demeure et aura couché dans les lieux, autrement il n'en est dû aucun, ce qu'il sera facile de prouver en le faisant remarquer à diverses personnes, et notamment, soit à un commissaire de police, soit à tout autre officier public, qui, au besoin attesteront n'avoir pas vu de gardien dans les lieux à telle ou telle époque de la saisie.

Le saisi ne doit non plus être tenu au paiement des frais de garde que jusqu'au jour où la vente aura été indiquée par le procès-verbal de saisie, à moins qu'elle n'ait été retardée par son fait. Dans tous les autres cas, le surplus des frais de garde doit retomber sur l'huissier, si c'est par son fait ou de sa négligence que la vente a été retardée, ou sur tout autre personne qui aurait été cause de ce retard.

CONFESSION D'UN HUISSIER. 7ᵉ ART.

DES DÉLAIS ACCORDÉS.

Lorsque la procédure est arrivée à ce point, c'est-à-dire lorsque la saisie est opérée, nous commençons à prêter l'oreille aux arrangements que viennent nous proposer les débiteurs, ayant soin d'exiger le paiement de nos frais préalablement au capital que nous n'exigeons pas impérieusement, attendu qu'il nous reste quelques actes à faire qui ne sont pas les moins lucratifs.

CONSEILS D'UN AMI. 7ᵉ ART.

C'est dès qu'un jugement est rendu, et lorsqu'il est par défaut, que vous devez engager le débiteur à y donner un acquiescement, en lui accordant un délai qui ne soit pas nuisible aux intérêts de votre client, d'après l'expiration duquel vous pouvez exécuter le jugement sans crainte d'opposition ni d'appel, et sans être obligé d'obtenir un second jugement qui, occasionnant de nouveaux frais, restent souvent à la charge de votre client, comme je vous l'ai déjà observé ; et lorsque vous recevez des à-comptes de la part d'un débiteur, vous devez les imputer sur le capital et non sur les frais.

AVIS AU PUBLIC. 7ᵉ ART.

Lorsque l'on s'est laissé condamner par défaut, on peut se présenter chez l'huissier et lui demander à donner un acquiescement au jugement, moyennant un délai, ou sous toute autre condition. L'huissier doit accepter l'acquiescement qu'on lui propose, à moins que les conditions que l'on y met ne soient tout à fait contraire aux intérêts de son client, abstraction faite des siens propres : et lorsque l'on a obtenu un délai, soit en donnant un acquiescement, soit en comparaissant à l'audience, l'huissier ne doit faire aucun frais avant l'expiration du délai que l'on aura obtenu. Les frais qu'il ferait avant cette époque doivent rester à sa charge, à moins qu'il ne soit bien avéré que ce sont des actes conservatoires.

CONFESSION D'UN HUISSIER. 8e ART.

DU PROCÈS-VERBAL D'AFFICHES ET DE LA SIGNIFICATION DE VENTE.

Dès le jour de l'expiration du délai que nous avons accordé au débiteur, s'il n'a pas satisfait en totalité à ses engagements, nous faisons un procès-verbal d'affiches, par lequel, quoique nous n'en posions réellement que six ou huit que nous avons le soin de faire à la main, nous constatons en avoir apposé cinquante, quelquefois cent et même davantage; ce qui, comme vous le voyez, nous fait un acte fort lucratif.

Dès le lendemain de la date de cet acte, nous signifions la vente, que nous n'opérons pas ordinairement sur ce premier acte, par un motif d'intérêt que nous couvrons du prétexte d'humanité. Ce n'est donc qu'après avoir fait deux ou trois *significations de vente* que nous l'opérons enfin.

CONSEILS D'UN AMI. 8e ART.

Lorsque vous faites un procès-verbal d'affiches, vous ne devez religieusement compter que celles que vous avez réellement affiché. Autrement il y a concussion, dans tous les cas, un taxateur aurait le droit de vous rejeter de la taxe 50 ou 100 affiches, ou de vous les taxer comme si elles étaient imprimées; attendu que c'est ce que vous devez faire, lorsque vous vous croyez obligé d'en apposer plus de dix ou douze, vu l'économie qui doit en résulter pour les parties.

Quoique la loi ne détermine pas la quantité de celles qui doivent être affichées, mais seulement la quotité. (Voy. les art. 617 du code de procédure, page 52, et 38 du tarif, page 55.) Néanmoins vous ne devez pas vous croire autorisé à en afficher un nombre beaucoup plus que suffisant pour donner de la publicité à la vente; car, comme la plupart de ces ventes rapportent tout au plus 300 francs, qu'il en est même beaucoup qui rapportent moins. Vu que par votre fait et la longueur que vous donnez à la procédure par les actes superflus que vous y introduisez, vous donnez au débiteur la faculté et les moyens de détourner ce qu'il a de plus précieux ; vous concevez que ce serait une dérision d'apposer une quantité aussi considérable d'affiches pour des ventes d'aussi peu de valeur.

Quant à la signification de vente, vous devez ne la faire que lorsque vous êtes bien déterminé à l'opérer. Dans le cas où vous accorderiez un sursis après la première signification de vente ; il doit être d'au moins quinze jours : un délai moindre doit être considéré comme fictif, et conséquemment vous faites rejeter de la taxe celles que vous auriez fait avant ce délai expiré.

Vous savez, sans doute, aussi que cet acte n'est de rigueur qu'autant que la vente ne se fait pas le jour indiqué par votre procès-verbal de saisie-exécution. (Voy. les art. 614 du code de procédure, page 52, et 29 du tarif, page 54.)

AVIS AU PUBLIC. 8e ART.

Lorsque l'huissier croit devoir procéder à la vente des effets saisis, il fait un procès-verbal d'affiches, dans lequel il stipule le nombre de celles qu'il a apposé. Si ce nombre dépasse 10 à 12 pour Paris et 4 à 5 pour la banlieue, on peut se refuser d'en payer la rédaction, attendu, d'une part, qu'il n'en affiche jamais davantage, et d'autre part, qu'il doit les faire imprimer lorsqu'il croit devoir en afficher un plus grand nombre ; ce dans l'intérêt des parties, vu que les frais d'impression de 50 et même de 100 affiches coûtent moins que la rédaction d'une douzaine faite à la main. Dans ce dernier cas, il ne leur est dû que les frais d'impression, d'après la quittance de l'imprimeur.

Quant à la signification de vente, il n'en doit être passé en taxe qu'une seule, à moins que l'huissier n'ait laissé s'écouler un délai d'au moins quinze jours entre la première et la seconde, et ainsi de suite entre les dates de toutes les autres. Dans tous les cas, cet acte que les huissiers font cependant toujours ne doit être fait qu'autant que la vente ne se ferait pas le jour indiqué par le procès-verbal de saisie-exécution. Et si ce retard paraissait de négligence ou du fait de l'huissier, il doit rester à sa charge.

Nota. *Je demande dans plusieurs cas un délai de quinze jours en m'en référant à la jurisprudence du tribunal de commerce qui n'admet pas dans ses dépens liquidés une seconde assignation qui aurait été donnée en procédant sur la première. S'il n'y a pas un délai de quinze jours au moins entre les dates de ces deux actes.*

CONFESSION D'UN HUISSIER. 9ᵉ ART.

DES VENTES JUDICIAIRES.

Quoique ce soit, ici à Paris, un commissaire priseur qui opère la vente des effets saisis, nous n'en constatons pas moins notre présence, et nous en faisons payer les vacations, comme si nous eussions fait l'opération nous-mêmes.

CONSEILS D'UN AMI. 9ᵉ ART.

A Paris, le commissaire priseur doit se charger lui-même du recolement et de l'enlèvement des meubles et effets saisis en lui remettant votre procès-verbal de saisie. C'est à lui de voir si tous les objets qui y sont portés se retrouvent et faire son procès-verbal de recolement en conséquence. (Voy. l'art. 37 du tarif, page 55.) Dans tous les cas, si vous faites vous-même le procès-verbal de recolement, les vacations du commissaire priseur ne commencent qu'au moment de la vente, et les vôtres finissent au moment où le commissaire priseur entre en fonctions. Autrement il y aurait conflit et conséquemment concussion. Voy. l'art. 37 du tarif, page 55.) Seulement vous avez le droit de réclamer deux fr. pour requérir le commissaire priseur.

AVIS AU PUBLIC. 9ᵉ ART.

Lorsque le recolement et la vente des effets saisis ont eu lieu, les parties intéressées peuvent faire constater que tous ceux portés sur le procès-verbal de saisie ont bien été recollés et vendus, à moins qu'ils ne soient restés. Autrement elles ont le droit de les répéter à l'huissier, sauf à celui-ci à exercer son recours contre le gardien.

Elles doivent examiner aussi si les vacations du commissaire priseur et celles de l'huissier se trouvent comprises ensemble sur les procès-verbaux de recolement et de vente, et faire rejeter de la taxe celles de l'huissier.

CONFESSION D'UN HUISSIER. 10ᵉ ART.

DES TRANSPORTS.

Lorsque nous signifions des actes hors Paris, quelque minime que soit la distance où est située la commune où nous signifions, nous avons toujours le soin de compter un transport. Et quoiqu'il nous arrive souvent d'avoir plusieurs actes à signifier le même voyage dans la même commune, nous comptons autant de transports qu'il y a d'actes différents, seraient-ils signifiés au même débiteur. Nous portons en outre le coût de nos émoluments comme si ces actes étaient signifiés dans Paris, quoique cependant le tarif en soit moins élevé.

CONSEILS D'UN AMI. 10ᵉ ART.

Lorsque vous signifiez des actes dans une commune, autre que celle où vous résidez, vous ne devez compter de transport qu'autant que cette commune se trouve distante de la vôtre de plus de cinq kilomètres. Partout ailleurs, il ne vous est pas dû de transport. (Voy. l'art. 66 du tarif, page 56.) Dans le cas même où vous signifiez plusieurs actes dans la même commune et surtout au même débiteur. Vous ne devez compter qu'un seul transport pour le tout, et le répartir également sur la totalité des actes que vous aurez signifiés. (Voy. l'art. 35 de la loi du 14 juin 1813, page 57.

Vous ne devez porter en outre le coût de vos actes que d'après le tarif établi pour toutes les communes autres que Paris. (Voy. l'art. 27 du tarif des frais et dépens, page 54.

AVIS AU PUBLIC. 10ᵉ ART.

Lorsqu'un huissier signifie des actes dans une commune autre que celle où il réside, il n'a droit à aucun transport

3

qu'autant que cette commune est distante de la sienne de plus de cinq kilomètres, c'est-à-dire de plus d'une lieue ancienne. Il ne doit même compter qu'un seul transport pour tous les actes qu'il signifierait dans la même commune, le même voyage, et en repartir le coût également sur tous ses actes. Il ne doit non plus compter le cout de ces actes que selon le tarif établi pour toutes les communes rurales autres que Paris.

Le cout des transports d'un huissier étant un objet d'autant plus important qu'il est de 4 francs par acte au moins, *messieurs les habitants de la banlieue* sont intéressés à les faire taxer, attendu qu'un huissier qui aurait fait dix actes dans la même affaire, augmenterait le cout de son mémoire de 40 francs, indépendamment des actes signifiés ailleurs qu'à Paris. Par exemple, cette différence est de 65 centimes pour un acte de première classe et de 92 centimes pour un acte de deuxième classe, ce qui est à regarder.

Il est bon que l'on sache que l'huissier a droit à un transport de six francs, lorsque la commune où il signifie est distante de plus d'un myriamètre (deux lieues anciennes) de la sienne, de huit francs, lorsqu'elle est distante de plus d'un myriamètre et demi (trois lieues anciennes), etc. (Voy. l'art. 66 du tarif des frais et dépens, page 56.)

CONFESSION D'UN HUISSIER. 11e ART.

DES DOMICILES INCONNUS.

Lorsqu'un débiteur est déménagé, et souvent, quoique le portier ou tout autre personne nous donnent son adresse, nous lui signifions ses copies par affiche et en la personne du procureur du roi, ce qui nous vaut d'abord un franc de visa, ensuite, comme nous constatons avoir affiché sa copie à la porte des audiences du tribunal où la demande est portée, quoique nous ne le fassions jamais comme vous devez le penser, cela nous procure le bénéfice du cout d'une seconde copie et de copie de pièces que nous ne faisons pas, ainsi que des timbres que nous ne fournissons pas.

Il en est de même à l'égard des débiteurs qui auraient omis de mettre leur adresse au bas de leur signature, soit comme souscripteurs, soit comme endosseurs d'effets de commerce, à moins que le demandeur ne nous la donne lui-même, nous les assignons et leur signifions tous les actes de la procédure, comme je viens de vous le dire, sauf à nous informer de leur adresse lorsque nous voulons exécuter le jugement.

CONSEILS D'UN AMI. 11e ART.

Lorsqu'un débiteur se trouve sans domicile, ni résidence connus soit parce qu'il a quitté son ancien domicile, soit parce qu'il a omis de mettre son adresse au bas de sa signature vous ne devez jamais afficher sa copie qu'après vous être minutieusement informé ; dans le premier cas, soit au propriétaire, soit au portier, soit aux divers locataires de la maison avec lesquels il paraissait avoir des relations ; et, dans le second cas, aux endosseurs, à ceux surtout de qui il a reçu et à qui il a passé l'effet, s'ils n'ont pas connaissance de ses domicile ou résidence actuels, ce qu'il serait utile que vous constatiez dans votre acte, et ce qui prouverait que vous avez pris effectivement tous les renseignements possibles.

Et puisque la loi veut que vous affichiez la copie destinée au débiteur, à la porte des audiences du tribunal où la demande est portée. (Voy. les art. 69 et 70 du code de procédure, page 51.) Vous devez le faire effectivement ou du moins, puisque vous ne le faites pas, vous ne devez pas en compter le cout.

Convenez, mon cher DARGENCOURT, que c'est une absurdité mise dans la loi de vouloir que vous affichiez une copie presque toujours écrite sur les deux faces, et ayant souvent même plusieurs feuilles ; et en supposant qu'elle soit affichée, quel est le débiteur qui s'amuserait à aller chercher parmi plusieurs milliers de copies (car vous savez que les huissiers de Paris seraient susceptibles d'en afficher plusieurs centaines chaque jour, s'ils le faisaient et conséquemment d'en garnir tous les murs d'enceinte de la capitale, au lieu des portes des auditoires), si il n'en est pas une pour lui ; et quel est celui qui s'amusera à les lire; quand on a peine à lire celles que l'on reçoit, parce que la plupart sont illisibles, en dépit de l'art. 28 du tarif, page 54 et de l'art. 43 du décret du 14 juin 1813, page 65.

AVIS AU PUBLIC. 11e ART.

Il est beaucoup d'huissiers, dans Paris surtout, qui profitant de la facilité qu'ont les débiteurs de cacher leur domicile, prennent fort peu ou pas de renseignements pour s'en procurer la connaissance, attendu le bénéfice qui résulte pour eux d'une procédure faite conformément à l'art. 69 du code de procédure, c'est-à-dire en affichant la copie destinée au débiteur dont les domicile ou résidence sont inconnus et en en remettant une semblable copie à M. le procureur du roi.

C'est un objet très-important cependant et qui multiplie considérablement les frais d'une procédure. En conséquence, messieurs les principaux débiteurs, ou ceux qui sont obligés de rembourser, doivent s'assurer si, dans les titres ou dans quelques-uns des actes de la procédure, il n'y a pas des renseignements, desquels il résulterait qu'il y a eu négligence de la part de l'huissier pour se procurer la connaissance des domicile ou résidence actuels de ces débiteurs; et si dans chacun de ses actes il a constaté s'être informé auprès des différentes personnes susceptibles de lui donner ces renseignements. Car messieurs les huissiers, après s'être informé une première fois, et tant bien que mal, auprès d'un portier ou de toute autre personne, et consigné la déclaration qu'ils ont reçue dans un premier acte, ne prennent plus la peine de le faire pour les actes subséquents, ils se contentent de mettre dans leur dire : *ayant demeuré à Paris telle rue et tel numéro et actuellement sans domicile ni résidence connus.* Ce qui est un vice qui doit annuler tous les actes où il existerait un semblable dire, car il est possible (et on en a de fréquents exemples) qu'un portier ou toute autre personne, à qui l'on a dû s'adresser, ne sachant pas aujourd'hui la demeure que l'on leur demande, le sachent demain ou quelques jours plus tard. Le vice que je signale est tellement réel que le vérificateur des gardes du commerce chargé de vérifier si tous les actes d'une procédure, où l'on veut exercer la contrainte par corps, sont bien en règle, refuse de viser un dossier quand l'huissier n'a pas constaté, dans tous les actes, avoir pris tous les renseignements nécessaires.

Beaucoup d'huissiers aussi sachant le lieu des nouveaux domicile ou résidence actuels d'un débiteur, n'en font pas moins leur procédure conformément à l'art. 69. Ce qui prouve qu'ils le savaient, c'est qu'ils le trouvent lorsqu'ils veulent exécuter le jugement. On peut donc leur contester la validité de cette sorte de procédure, la faire rejeter de la taxe, et même attaquer l'huissier comme concussionnaire et comme faussaire.

Enfin la loi enjoint aux huissiers d'afficher la copie destinée au débiteur qui n'a ni domicile ni résidence connus, à la porte des audiences du tribunal où la demande est portée ; mais comme ils ne le font jamais, attendu qu'il n'existe aucun vestige de copies affichées dans les lieux et pour le cas dont il s'agit, on peut leur contester le droit de ces copies, et surtout de celles autres que des assignations, attendu que la loi ne fait mention que des assignations, ainsi que je l'ai démontré dans ma préface.

CONFESSION D'UN HUISSIER, 12e ART.

DES TIMBRES.

Il nous arrive assez souvent, surtout dans les actes où il y a des copies de pièces, de compter plus de timbres que nous n'en fournissons réellement, car nous calculons ordinairement la quantité de timbres par le nombre de rôles dont nous donnons copie. Et quoique la loi nous astreint à ne mettre que 35 lignes à la page de petit papier, nous en mettons souvent cinquante et même davantage ; et au lieu de six rôles par demi feuille de papier sur lesquels nous établissons notre calcul, nous en mettons ordinairement de douze à quinze et quelquefois davantage.

CONSEILS D'UN AMI. 12e ART.

Quant aux timbres que vous comptez en plus de ceux que vous fournissez, c'est une escroquerie que vous faites non seulement aux débiteurs, mais encore au gouvernement, et de laquelle vous devez consciencieusement vous abstenir ; car si le débiteur représentait ses copies, vous seriez pris dans vos propres filets et ne pourriez vous disculper, conséquemment ce débiteur pourrait avec raison vous qualifier de concussionnaire et vous faire punir comme tel.

AVIS AU PUBLIC. 12ᵉ ART.

Comme il peut arriver et qu'il arrive effectivement aux huissiers de compter plus de papier qu'ils n'en fournissent réellement, c'est encore le cas d'avoir soin de conserver ses copies, afin de pouvoir les confronter à leur mémoire, voir si la quantité de timbres qu'ils ont fourni égale celle qui y est portée, et en même temps pour s'assurer si l'on a bien reçu les copies de tous les actes qui ont été faits dans le cours de la procédure, car il est bon que l'on sache que les huissiers ne pouvant porter leurs copies eux-mêmes, comme je l'ai déjà dit, les confient souvent à des jeunes gens sans expérience, qui, soit qu'ils croient qu'il est sans importance pour les débiteurs de recevoir ou non leurs copies, soient qu'ils ne veulent pas se donner la peine d'aller jusque chez le débiteur à qui elles s'adressent, soit enfin que fort souvent MM. les huissiers qui signent très-tard pour ne pas remettre un seul acte au lendemain dans la crainte qu'on ne vint leur décommander, envoient porter leurs copies à des heures indues ; ce qui fait craindre aux clercs d'être arrêtés et les autorise à souffler ces copies.

CONFESSION D'UN HUISSIER. 13ᵉ ART.

DES COPIES SURABONDANTES.

Il nous arrive aussi de donner des copies d'abondant, c'est-à-dire de donner des copies au même débiteur à plusieurs domiciles différents, sous le prétexte où il voudrait contester l'une d'elles, comme aussi, quoique le mari et la femme se trouvent solidaires et ont un domicile commun, nous leur donnons à chacun une copie. Il en est de même des associés, quoiqu'ayant un domicile social.

CONSEILS D'UN AMI. 13ᵉ ART.

Lorsque vous donnez des copies surabondamment, elles ne doivent pas être à la charge du débiteur, car vous devez être assez éclairé et avoir assez de discernement pour savoir où vos actes doivent être signifiés, pour l'être légalement ; lorsque vous le faites, c'est pour votre propre satisfaction et pour votre tranquilité. Ce surcroît de frais doit donc rester à votre charge.

Quant à celles signifiées au mari et à sa femme condamnés solidairement, et ayant un domicile commun, vous ne devez leur donner qu'une seule copie, non plus qu'à une société ayant ou non un domicile social. (Voy. le n° 6 de de l'art. 69 du code de procédure, page 51.) Cependant lorsqu'il s'agit d'une signification avec commandement tendant à contrainte par corps, vous devez au contraire délivrer autant de copies qu'il y a de débiteurs condamnés par cette voie ; autrement on ne pourrait pas exécuter le jugement et votre acte serait nul. (Voy. l'art. 71 du code de procédure, page 51.) Par exemple : Si deux associés avaient leurs domiciles, l'un à Paris, l'autre à Bordeaux, et que vous signifiez votre commandement au domicile de celui de Paris ; ne pouvant le capturer, croyez-vous que vous seriez reçu à exécuter le jugement contre celui de Bordeaux ? Non, car ce dernier réclamant avec raison, et vous, ne pouvant prouver qu'il a eu connaissance du jugement, il serait reçu à demander et obtiendrait la nullité de votre procès-verbal de capture, et pourrait même vous attaquer et obtenir contre vous des dommages intérêts. (Voyez encore l'art. 71 du code de procédure.) Il en serait de même à l'égard de deux associés résidant non seulement dans la même commune, mais dans le même domicile. Cet acte doit donc être signifié personnellement à celui sur qui l'on veut exercer la contrainte par corps.

Je ne vous fais ces observations que parceque je sais que vous signifiez ces sortes d'actes, les 99/100 au moins, par spéculation, et sans que vos cliens vous en aient donné l'ordre, ni qu'ils soient aucunement disposés à faire mettre le jugement à exécution par cette voie.

AVIS AU PUBLIC. 13e ART.

Lorsqu'un huissier donne, par le même acte, plusieurs copies au même débiteur à des domiciles différents, ce qu'il appelle des copies d'abondant, il ne doit en être admis qu'une seule en taxe, attendu qu'un huissier doit avoir assez de discernement pour savoir, soit où est le domicile réel du débiteur, soit où il doit remettre ses copies lorsqu'il n'a pas le domicile réel. Et attendu qu'il se sert de ce prétexte, pour avoir droit à plusieurs copies et se faire plusieurs copies de pièces. Comme aussi, toutes les fois que le mari et la femme sont solidaires, qu'ils habitent ensemble, et quand même ils n'habiteraient pas ensemble, attendu que le domicile du mari est le domicile de droit de la femme, on doit leur faire les significations collectivement, c'est-à-dire par une seule et même copie. Il en est de même pour les sociétés à qui l'on doit signifier au domicile social, ou en la personne de l'un des associés lorsqu'il n'y a pas de domicile social.

Cependant, s'il s'agit d'une signification avec commandement tendant à contrainte par corps, l'huissier doit au contraire donner une copie à chacun des condamnés par cette voie; autrement, (ainsi que je viens de l'expliquer) comme il ne peut exécuter le jugement sur un acte où il n'aurait remis qu'une seule copie pour tous les associés. Cet acte doit être considéré comme nul et rejeté de la taxe. C'est encore ici le cas d'observer que le vérificateur des gardes du commerce ne vise pas un commandement tendant à contrainte par corps, lorsqu'il est signifié collectivement pour tous les associés.

CONFESSION D'UN HUISSIER. 14e ART.

DES DOMICILES INDIQUÉS PAR LE TITRE.

Comme assez souvent un débiteur de province indique un domicile dans Paris pour le payement de ses effets de commerce, et pour en faciliter la négociation. Nous faisons d'abord toute la procédure au domicile indiqué ; nous nous permettons même quelque fois d'y faire un procès-verbal tendant à saisie. Ensuite, nous récapitulons tous les actes de la procédure dont nous lui donnons copies, que nous lui signifions nous-mêmes, si son domicile se trouve dans notre ressort, ou lui faisons signifier par l'huissier de son ressort, à son domicile réel, ce qui, comme vous devez le penser nous fait un acte fort lucratif.

Il en est de même à l'égard de ceux que nous avons assigné, et à qui nous avons signifié au parquet du procureur du roi, tout en ayant connaissance de leur nouveau domicile, ou dont nous avons eu connaissance plus tard.

CONSEILS D'UN AMI. 14e ART.

Quant aux domiciles indiqués par des effets de commerce, autres que ceux réels du débiteur, vous ne devez faire que le protêt à ce domicile. (Voyez l'art. 173 du code de commerce, page 56.) Et quant à la procédure, vous devez la faire à la personne ou au domicile réel du débiteur. (Voyez l'art. 68 du code de procédure, page 53.) La procédure que l'on peut faire ailleurs qu'au domicile réel, est celle où il y a un domicile élu par un acte quelconque.

Or, comme un effet de commerce n'est pas un acte, mais seulement un titre, il ne peut y avoir de domicile élu ; conséquemment la procédure, dans le cas dont il s'agit, faite ailleurs qu'au domicile réel, doit être considérée comme nulle et non avenue, et l'acte par lequel vous dénoncez cette procédure considérée comme frustratoire et par ce fait rejeté de la taxe. (Voyez l'art. 1031 du code de procédure, page 53.) Néanmoins, si en vertu de l'article 1326 du code civil qui n'est relatif qu'aux simples promesses, vous persistez à vouloir qu'un effet de commerce soit un acte. Je vous demanderai comment il est possible de supposer que la personne qui souscrit un billet, ou accepte une lettre de change, laisse appercevoir qu'il a l'intention de ne pas l'acquitter à son échéance, et qu'en conséquence, il désigne d'avance l'endroit où il entend que l'on lui en fasse les poursuites. Cette supposition n'est pas et ne peut être admissible ; car toute personne qui indiquerait un autre domicile que le sien pour le paiement de son obligation, se ferait, par ce fait, suspecter de mauvaise foi, et perdrait la confiance des personnes avec qui il fait des affaires.

Donc, dans le cas dont il s'agit, il ne peut y avoir de domicile élu 1° pour le créancier, que lorsque les poursuites sont commencées ; 2° et pour le débiteur, que lorsqu'il a formé opposition et lorsque par cet acte il a fait élection de domicile ailleurs que chez lui, ou lorsqu'il a fait signifier une élection de domicile par acte extra judiciaire. C'est pourquoi je vous renverrai à l'article 68 du code de procédure, et à l'article 583 du même code, qui dit : *Toute saisie-exécution sera précédée d'un commandement à personne ou domicile.*

Au surplus, cette manière de procéder est exceptionnelle pour et à l'égard des endosseurs; car aucun endosseur n'indiquant un autre domicile que le sien, vous êtes obligé de lui signifier les actes de la procédure à son domicile réel ; pourquoi n'en serait-il pas de même à l'égard d'un souscripteur ou d'un accepteur.

AVIS AU PUBLIC. 14ᵉ ART.

Lorsqu'un débiteur a indiqué un domicile autre que le sien propre pour le payement d'un effet de commerce, l'huissier doit seulement faire le protêt à ce domicile ; quant aux actes de la procédure, ils doivent être faits au domicile réel, tous les actes faits ailleurs peuvent être considérés comme nuls.

Dans tous les cas, lorsqu'ayant fait toute la procédure ailleurs qu'au domicile réel, l'huissier récapitule tous les actes de cette procédure et la signifie à ce domicile. Cet acte ne peut être admissible en taxe, attendu qu'aucune loi ne l'autorise et attendu que l'huissier en faisant la procédure ailleurs qu'au domicile réel, devait être certain que le débiteur avait connaissance des actes à lui signifiés, par l'intermédiaire des personnes chez qui il déposait les copies ; mais attendu que l'art. 45 de la loi du 14 juin 1813, page 58, n'admet pas d'intermédiaire entre l'huissier et la personne à qui il signifie, puisqu'il exige que l'huissier lui-même remette ses copies à la personne ou à son domicile ; attendu encore, que la loi n'admet pas et ne peut admettre que l'huissier, par un seul et même acte donne connaissance à un débiteur d'une procédure qui aurait été faite contre lui à son insçu, c'est-à-dire après lui en avoir soufflé les copies (car on peut supposer que telle était l'intention de l'huissier); en conséquence, l'acte dont il s'agit et tous les actes d'une semblable procédure doivent être, ainsi que je viens de le dire, considérés comme nuls et rejetés de la taxe.

CONFESSION D'UN HUISSIER. 15e ART.

DU COUT DES ACTES AU BAS DES COPIES.

Il ne nous arrive jamais de mettre, au bas des copies, le coût de l'acte, nous portons seulement le coût de la copie qui est de 50 ou 75 centimes suivant la nature de l'acte que nous signifions, car vous devez penser que la plupart des débiteurs ne connaissant pas la loi, n'iront pas porter leurs copies au receveur d'enregistrement et nous faire payer une amende, tandis que si nous portions le coût de l'acte entier, combien en est-il qui, le voyant porté à 10, 12, 15 ou 20 francs, plus ou moins, s'empresseraient de faire des démarches et de prendre des arrangements avec les demandeurs pour faire cesser les poursuites, tandis que ne le voyant que de 50 centimes, ils ne peuvent s'imaginer que le coût de l'acte peut être de 20 fr., plus ou moins. Conséquemment, ils ne font aucune démarche et nous laissent, soit par leur ignorance, soit par leur apathie, le temps d'achever la procédure.

CONSEILS D'UN AMI. 15e ART.

Quant au cout de vos actes, il doit être porté au bas des copies, comme il l'est au bas des originaux (voyez les art. 67 du Code de procédure, page 51, et 66 du Tarif, page 56). Vous devez indépendamment de cela, mettre en marge de chacun des originaux le détail du cout d'iceux, pour faciliter, soit le débiteur, soit le taxateur d'en vérifier l'exactitude (voyez l'art. 48 de la loi du 14 juin 1813, page 58.)

AVIS AU PUBLIC. 15e ART.

L'huissier doit mettre au bas de chacune des copies le cout de l'acte entier. Le cout de 50 cent. qu'il met ordinairement n'est que pour détourner le débiteur de l'attention qu'il pourrait donner à l'énormité des frais qu'il fait contre lui. Ces copies, présentées à un receveur d'enregistrement, donneraient lieu contre l'huissier, d'une amende de 5 francs, pour chacune d'elles, indépendamment des peines prononcées par la loi.

CONFESSION DUN HUISSIER. 16e ART.

DES DÉLAIS OBTENUS A L'AUDIENCE PAR LE DÉBITEUR.

Quoiqu'il y ait beaucoup de débiteurs qui comparaissent sur leurs assignations, et qui obtiennent un délai qui est ordinairement de vingt-cinq jours, lorsqu'il s'agit d'un effet de commerce, ou de deux à trois mois lorsqu'il s'agit d'une facture ou d'un mémoire ; cela ne nous empêche pas de lever le jugement et d'en faire la signification et commandement, de manière à opérer la saisie à l'expiration du délai qui leur est accordé.

CONSEILS D'UN AMI. 16e ART.

Lorsqu'un débiteur comparaît sur son assignation, et qu'il obtient un délai, toutes poursuites doivent cesser contre lui, jusqu'à l'expiration du délai qui lui est accordé ; car comme je vous l'ai déja dit : *qui a terme ne doit rien.* En conséquence, tous frais faits pendant cet intervalle doivent être rejetés de la taxe (voyez l'art. 123 du Code de procédure, page 51). Seulement vous êtes autorisé à faire contre lui les actes conservatoires qui pourraient empêcher la diminution des sureté de la la créance de votre client (voyez l'art. 125 du même Code, page 51); car, je suppose que le débiteur qui a obtenu à l'audience, du consentement de son créancier (ce qui est toujours stipulé dans le jugement), un délai de vingt-cinq jours, se présente le vingt-quatrième avec les fonds nécessaires pour solder sa créance en capital, intérêts et frais faits jusqu'à l'obtention du jugement, de quel droit lui ferez-vous payer ceux de levée de jugement, signification et commandement que vous lui aurez fait pendant cet intervalle.

AVIS AU PUBLIC. 16e ART.

Comme je l'ai déjà dit, lorsqu'on aura obtenu un délai, soit en comparaissant sur l'assignation, soit de toute autre manière, l'huissier ne doit faire aucun frais avant l'expiration du délai qu'on aura obtenu.

Et je dois encore rappeler ici que dans les divers cas où l'huissier, par un acte, accorde un délai de vingt-quatre heures, ce délai est interrompu par un dimanche, ou tout autre jour fériés, c'est-à-dire lorsque l'huissier fait un commandement un samedi, le délai ne doit expirer que le mardi, tout acte fait le lundi à la suite de celui que je viens de désigner, doit être considéré comme nul et rejeté de la taxe. Il en doit être de même à l'égard d'un acte postérieur à celui qui aurait accordé un délai quelconque et qui aurait été fait avant l'expiration du délai accordé : le tout d'après la considération que j'ai émise au 4me article.

CONFESSION D'UN HUISSIER. 17e ART.

DES FAILLITES.

Quoiqu'un débiteur soit en faillite, souvent il nous arrive de lui signifier les actes que nous lui eussions signifiée sans cette circonstance, surtout lorsque notre client est solvable.

CONSEILS D'UN AMI. 17e ART.

Aussitôt qu'un débiteur a fait sa déclaration de faillite, vous devez cesser toutes poursuites contre lui, attendu qu'il est en interdit, et que vos poursuites ne produisent aucun effet.

Seulement lorsqu'il y a des actes conservatoires à faire, dans l'intérêt et pour conserver les droits de votre client, vous devez les lui signifier en la personne de son agent ou de l'un de ses syndics (voyez le n° 7 de l'art. 69 du code de procédure, page 51, et l'art. 494 du code de commerce, page 53). Tous autres actes doivent être rejetés de la taxe, et retomber sur votre client, qui, à son tour, a droit de vous les faire supporter, attendu que vous devez avoir la connaissance nécessaire pour savoir dans quel cas et quand vous devez cesser les poursuites ; tandis que votre client peut ne pas avoir ces connaissances, et être obligé de s'en rapporter à vous.

AVIS AU PUBLIC. 17ᵉ ART.

Aussitôt qu'un débiteur est en faillite, tous frais faits postérieurement à la faillite, autres que ceux conservatoires, doivent être rejetés de la taxe dans l'intérêt de la masse des créanciers. *Avis aux agents et syndics de faillite.*

CONFESSION D'UN HUISSIER. 18ᵉ ART.

DES MÉMOIRES DE FRAIS.

Enfin, lorsque nous donnons un mémoire de frais, nous comptons d'abord le montant des dépens liquidés, puis, lorsque nous savons à qui nous avons à faire, nous reproduisons au dessous le coût du protêt, s'il y en a un, et des assignations et autres actes déjà portés dans le montant des dépens liquidés. Dans tous les cas, nous portons toujours sur notre mémoire les sommations et assignations qui n'auraient pas été comprises dans les dépens liquidés; ensuite, nous ajoutons au bas du mémoire une somme de trois, quatre ou cinq francs pour démarches, soins, courses, etc., etc.

Voilà M. Rabajoie comment nous procédons commercialement, et comment nous faisons de la broutille; vous devez penser que nous en agissons de même pour toutes les autres procédures, car ce ne peut être qu'en agissant ainsi que nous pouvons parvenir à payer le prix de nos charges; et, comme je vous l'ai déjà dit, à nous retirer après quelques années de travail avec une fortune assez conséquente pour nous mettre à même de ne pas être obligés de travailler davantage.

CONSEILS D'UN AMI. 18ᵉ ART.

Lorsque vous donnez un mémoire de frais, vous devez d'abord porter le montant des dépens liquidés, auxquels vous ne pouvez rien ajouter. Toutefois après les avoir vérifiés, et vous être assuré qu'ils sont bien conformes au tarif; et s'il y a erreur à votre préjudice, c'est à vous de la faire rectifier avant même la signification du jugement: autrement vous n'avez plus aucun recours contre le débiteur qui, au contraire, peut exercer son recours contre vous, si au cas où il y a erreur à son préjudice, sauf à vous à l'exercer contre qui de droit ; ensuite vous portez les frais faits pour parvenir à l'exécution et ceux d'exécution. Vous devez aussi justifier de tous les actes portés sur votre mémoire ; et, s'il arrivait que quelqu'un de ces actes se trouve adhiré, vous devez fournir au débiteur un certificat du receveur d'enregistrement qui constate sa date et son enregistrement ; si vous n'aimez mieux lui fournir un duplicata.

Vous devez en outre, comme je vous l'ai déjà dit, porter en marge de chacun de vos actes, le détail de leur coût et le nombre de rôles de copie de pièces. (Voyez l'art. 48 du décret du 14 juin 1813, page 58.) Quant aux sommes que vous portez au bas de vos mémoires, pour courses, soins, démarches, etc., vous savez qu'il ne vous est rien dû pour cela ; car la loi a prévu les démarches que vous seriez obligé de faire, et vous alloue des émoluments en conséquence.

Je vous dirai à mon tour, que ce n'est qu'en agissant de la manière dont je viens de vous l'indiquer, que vous serez en paix avec votre conscience, et que vous pourrez être tranquille sur votre avenir. En agissant ainsi, vous ne serez jamais l'un de ces hommes, qui, objets de l'animadversion publique, et fideles auxiliaires des usuriers, propagent la mauvaise foi et la démoralisation.

J'espère donc, mon cher D'ARGENCOURT, que vous profiterez de mes observations et de mes conseils ; que vous modérerez votre ambition, et vous renfermerez strictement dans le cercle des devoirs que vous impose votre état. Ce n'est qu'à cette condition que vous jouirez de la considération et de l'estime des honnêtes gens.

AVIS AU PUBLIC. 18e ART.

Lorsque l'on solde une créance en principal, intérêts et frais, il faut exiger de l'huissier un mémoire détaillé de tous les actes qui sont au dossier, et lui en faire signer l'acquit. Il faut exiger également, ainsi que je l'ai déjà observé, que le coût de chacun des actes soit détaillé en marge d'iceux, afin d'en faciliter la vérification. Et s'il en manquait quelques-uns, on est autorisé à s'en faire restituer le coût, à moins que l'huissier ne prouve qu'ils sont égarés, et qu'il ne produise soit un certificat du receveur de l'enregistrement, soit un duplicata.

OBSERVATIONS

A MM. LES CRÉANCIERS.

Tous les créanciers, en général, sont intéressés à ce que leurs huissiers ne fassent contre leurs débiteurs que les actes strictement nécessaires pour parvenir à recouvrer leurs créances. Dans le cas contraire, ils s'exposent à forcer ces derniers, soit à se mettre en faillite, soit à détourner les meubles et effets qui seraient le gage de leurs créances : ce qui arrive souvent; car, au lieu de cinq ou six actes qu'ils font ordinairement pour parvenir à exécuter un jugement, si l'huissier, dans son intérêt personnel, en fait le double, nécessairement il prolonge la procédure, et donne au débiteur le temps et l'idée de se soustraire au paiement des frais, ce en employant les moyens que je viens de signaler, qui, à la vérité, ne sont pas délicats, mais qu'il a été forcé d'employer.

En conséquence, MM. les créanciers à qui cet ouvrage est aussi utile qu'aux débiteurs eux-mêmes, ne doivent jamais donner carte blanche à leurs huissiers, qui ne s'en servent ordinairement que dans leur intérêt personnel, et doivent exiger d'eux qu'ils fassent la procédure aussi diligemment que les lois relatives à la procédure commerciale le leur permettent : et s'opposer à ce qu'ils fassent des actes inutiles qui prolongent la procédure bien au-delà du terme voulu par la loi, attendu ce qu'il peut résulter pour eux d'une procédure trop prolongée, ainsi que je viens de l'expliquer. Et attendu qu'ils sont eux-mêmes souvent obligés d'en supporter les frais, tout en perdant leur créance.

A MM. LES DÉBITEURS.

Quant aux débiteurs, je dois leur observer, 1° qu'il est des huissiers qui, sachant d'avance qu'un débiteur doit aller solder sa créance, s'empressent de faire confectionner l'acte à la suite du dernier qui a été fait,

afin de s'en faire payer les émoluments. Il ne leur est rien
dû pour un acte imparfait, c'est-à-dire, lorsque la copie
n'est pas délivrée et qu'il n'est pas enregistré.

2° Dans aucun cas, un débiteur ne peut être tenu de
payer les frais d'avocat, d'agréé ou de fondé de pouvoir
de son créancier, attendu que chacune des parties a droit
de se présenter elle-même à l'audience ; et si elle ne le
fait pas, elle est tenue de payer elle-même la personne
qui la représente.

3• Il est bon aussi qu'ils sachent que certains huissiers,
en opérant leurs saisies, se font donner de l'argent, sous
prétexte, ou qu'ils ne saisiront pas, ou qu'ils ne laisse-
ront pas de gardien : c'est ce qu'ils appellent *tirer une
carotte*. En conséquence, l'argent qu'on leur donne dans
ce cas-là, est de l'argent perdu. L'huissier n'en fait pas
moins le procès-verbal qu'il doit faire ; et s'il ne laisse
pas de gardien, c'est qu'il ne doit pas en laisser. Celui
qui serait convaincu d'une semblable extorsion, courrait
risque d'être destitué

4° Il est encore bon que l'on sache que la loi n'autorise pas les huissiers à faire plusieurs originaux pour le
même acte.

Cependant c'est ce qu'ils font dans les affaires compliquées, en ne mettant que dix à douze copies par chaque
original, sous le prétexte qu'ils ne peuvent porter toutes
ces copies le même jour. Que l'on compulse leur répertoire, et l'on verra que ce jour-là peut-être, ils ont dû
faire au moins cinquante lieues par la quantité d'actes
qu'ils ont signifiés. Mais la vérité est qu'ils se font plus
d'émoluments, puisque chaque original leur rapporte au
moins 2 fr., et que l'on paie en outre autant de timbres
et de droits d'enregistrement qu'il y a d'originaux.

5° Enfin, je crois devoir engager les débiteurs (ceux
qui ne pourraient pas le faire eux-mêmes), à faire taxer
les frais que leur font les huissiers, sans rien craindre de
la part de ces derniers ; car, comme c'est le métier d'un
cordonnier de faire des souliers, le métier des huissiers
est de faire des actes. Ce n'est donc qu'après avoir fait
tous les actes qu'ils croient devoir faire (dont une partie,
ainsi qu'on vient de le voir, est inutile), qu'ils accordent
enfin un repis : et je sais, par expérience, qu'ils sont
moins ardents à poursuivre un débiteur qui fait habi-

4

tuellement taxer ses dossiers, que celui qui n'a pas l'habitude de le faire : et ce, dans la crainte de provoquer des plaintes, de recevoir des remontrances, soit du procureur du roi, soit même des membres de la chambre, et d'être obligé de restituer le trop perçu.

NOTA. Quoique ce ne soient pas les huissiers, mais les gardes du commerce, à Paris, qui sont chargés d'arrêter les débiteurs. Je crois devoir observer qu'il ne leur est dû qu'un seul procès-verbal, qui est celui de capture. Tout autre procès-verbal, soit de recherche, soit de perquisition, soit d'attente, doit être rejeté de la taxe. (Voy. l'art. 53 du tarif des frais et dépens, page 59.)

Cette observation s'étend aux huissiers des départements qui font eux-mêmes les arrestations des débiteurs.

AVIS.

Les personnes qui, malgré les explications, observations et renseignements, qu'elles viennent de lire, ne se trouveraient pas assez éclairées, peuvent s'adresser à l'auteur, qui, à peu de frais, leur indiquera les réductions à faire de tous les frais faits mal à propos.

Il s'engage à ne réclamer aucun salaire pour les actes qui ne seraient pas susceptibles de réduction, et donnera les conseils judiciaires qui lui seront demandés.

ARTICLES EXTRAITS DES CODES,

ET LOIS RELATIVES AUX HUISSIERS,

ET DONT EST FAIT MENTION DANS CET OUVRAGE.

————◆◆◆◆◆◆————

CODE DE PROCÉDURE CIVILE.

ARTICLE 67. Les huissiers seront tenus de mettre à la fin de l'original et de la copie de l'exploit, le coût d'icelui, à peine de 5 fr. d'amende, payables à l'instant de l'enregistrement.

Art. 68. Tous exploits seront faits à personne ou domicile, etc.

Art. 69. Seront assignés, n° 6, les sociétés tant qu'elles existent, en leur maison sociale; et s'il n'y en a pas, en la personne ou au domicile de l'un des associés.

N° 7. Les unions et directions de créanciers, en la personne de l'un des syndics ou directeurs.

N° 8. Ceux qui n'ont aucun domicile connu en France, au lieu de leur résidence actuelle. Si le lieu n'est pas connu, l'exploit sera affiché à la principale porte de l'auditoire où la demande est portée : une seconde copie sera donnée à M. le procureur du roi, lequel visera l'original.

Art. 70. Ce qui est prescrit par les deux articles précédents, sera observé à peine de nullité.

Art. 71. Si un exploit est déclaré nul par le fait de l'huissier, il pourra être condamné aux frais de l'exploit et de la procédure annullée, sans préjudice des dommages-intérêts de la partie, suivant les circonstances.

Art. 123. Le délai courre du jour du jugement, s'il est contradictoire, et du jour de la signification s'il est par défaut.

Art. 125. Les actes conservatoires seront valables nonobstant le délai accordé.

Art. 132. Les huissiers qui auront excédé les bornes de leur ministère, pourront être condamnés aux dépens en leur nom et sans répétition, même aux dommages-intérêts, s'il y a lieu, sans préjudice de l'interdiction contre eux.

Art. 158. Si le jugement est rendu contre une partie qui n'a pas d'avoué, l'opposition sera recevable jusqu'à l'exécution dudit jugement. *Nota*, c'est-à-dire, jusqu'au moment de l'enlèvement des meubles saisis, ou jusqu'au moment de l'arrestation du débiteur.

Art. 435. Aucun jugement par défaut ne pourra être signifié que par un huissier, commis à cet effet par le tribunal. La signification contiendra, à peine de nullité, élection de domicile dans la commune où elle se fait, si le demandeur n'y est pas domicilié.

Art. 437. L'opposition contiendra les moyens de l'opposant et assignation, dans le délai de la loi ; elle sera signifiée au domicile élu.

Art. 438. L'opposition faite à l'instant de l'exécution, par déclaration sur le procès-verbal de l'huissier, arrêtera l'exécution, à la charge par l'opposant de la réitérer dans les trois jours, par exploit contenant assignation, passé lequel délai, elle sera censée non avenue.

Art. 583. Toute saisie exécution sera précédée d'un commandement à la personne ou au domicile du débiteur, fait au moins un jour avant la saisie, et contenant notification du titre s'il n'a déjà été notifié.

Art. 598. Ne pourront être établis gardiens, le saisissant, son conjoint, ses parents ou alliés, jusqu'au degré de cousin issu de germain inclusivement, et ses domestiques. Mais le saisi, son conjoint, ses parents ou alliés et domestiques pourront être établis gardiens, de leur consentement et de celui du saisissant.

Art. 614. Si la vente se fait un jour autre que celui indiqué par la signification, la partie saisie sera appelée, avec un jour d'intervalle outre un jour par trois myriamètres en raison de la distance du domicile du saisi et du lieu où les effets seront vendus.

Art. 617. La vente sera annoncée un jour auparavant par quatre placards, au moins, affichés, l'un où sont les effets, l'autre à la porte de la maison commune; le troisième au marché du lieu, et s'il n'y en a pas au marché voisin; le quatrième à la porte de l'auditoire de la justice de paix; et si la vente se fait dans un autre lieu que le marché, ou le lieu où sont les effets; un cinquième placard sera affiché au lieu où se fera la vente.

Art. 780. Aucune contrainte par corps ne pourra être

mise à exécution qu'un jour après la signification avec commandement du jugement qui l'a prononcé. Cette signification sera faite par un huissier commis par ledit jugement, ou par le président du tribunal de première instance du lieu où se trouve le débiteur.

Art. 784. S'il s'est écoulé une année depuis le commandement, il sera fait un nouveau commandement par un huissier commis.

Art. 1031. Les procédures et les actes nuls ou frustratoires, et les actes qui auront donné lieu à une condamnation d'amende, seront à la charge des officiers ministériels qui les auront faits, lesquels, suivant l'exigence des cas, seront en outre passibles des dommages-intérêts de la partie, et pourront même être suspendus de leurs fonctions.

CODE DE COMMERCE.

Art. 173. Les protêts, faute d'acceptation ou de payement, sont faits par deux notaires, ou par un notaire et deux témoins; ou par un huissier et deux témoins.

Le protêt doit être fait :

1º Au domicile de celui sur qui la lettre de change était payable, ou à son dernier domicile connu.

2º Au domicile des personnes indiquées par la lettre de change pour la payer au besoin.

3º Au domicile du tiers qui a accepté par intervention. Le tout par un seul et même acte.

Au cas de fausse indication de domicile, le protêt est précédé d'un acte de perquisition.

Art. 176. Les notaires et les huissiers sont tenus à peine de destitution, dépens, dommages intérêts envers les parties, de laisser copie exacte des protêts, et de les inscrire en entier, jour par jour et par ordre de date, dans un registre particulier, coté, paraphé et tenu dans les formes prescrites pour les répertoires.

Art. 494. A compter de l'entrée en fonctions des agents et ensuite des syndics, toute action civile intentée, avant la faillite contre la personne et le bien mobilier du failli, par un créancier privé ne pourra être suivi que contre les agents ou syndics; et toute action qui serait intentée après la faillite, ne pourra l'être que contre les agents ou syndics.

TARIF DES FRAIS ET DÉPENS.

Art. 26. Les frais de garde seront taxés, par chaque jour, pendant les douze premiers jours, à Paris. . 2 fr. 5o c.

Dans les villes où il y a un tribunal de première instance. 2

Dans les autres villes et cantons ruraux. . 1 5o

Ensuite, seulement à raison de

A Paris. 1

Dans les villes où il y a un tribunal de première instance. . . . . » 8o

Dans les autres villes et cantons ruraux. . » 6o

Art. 27. Pour l'original d'un exploit d'ajournement, même en cas de domicile inconnu en France et d'affiches à la porte de l'auditoire.

A Paris. 2

Partout ailleurs. 1 5o

Nota. *Les originaux des actes faits par les huissiers des justices de paix et concernant cette juridiction sont, à Paris, de.* 1 5o

Dans la banlieue et les départements. . . 1 25

La copie, toujours le quart de l'original.

Il n'est dû aux mêmes huissiers, dans le même cas, que deux francs de transport, lorsqu'il leur en sera dû un.

Voir l'article 66, page 56.

Il ne leur est rien dû, soit pour visa du greffier de la justice de paix, soit du maire et adjoint de leur canton.

Art. 28. Pour les copies de pièces qui doivent être données avec l'exploit d'ajournement et autres actes, par rôle contenant vingt lignes à la page et dix syllabes par ligne, ou *évaluées sur ce pied.*

A Paris. . . . . » 25

Partout ailleurs. . . . . » 20

Les copies seront correctes et lisibles, à peine de rejet de la taxe.

Art. 29. D'une sommation à la partie saisie pour être présente à la vente qui ne serait pas faite au jour indiqué par le procès-verbal de saisie-exécution.

A Paris. 2

Partout ailleurs. 1 5o

Pour chaque copie, le quart de l'original.

Art. 37. Pour le procès-verbal de récolement qui précédera la vente et qui ne contiendra aucune énonciation des effets saisis, mais seulement de ceux en déficit, s'il y en a, y compris les témoins.

A Paris. 6
Partout ailleurs. 4   5o
Il ne sera pas donné de copie.

Art. 38. Il sera alloué à l'huissier ou autre officier qui procédera à la vente, pour chacun des placards, s'ils sont manuscrits. . . . . » 5o

Et s'ils sont imprimés, l'officier qui procédera à la vente en sera remboursé sur les quittances de l'imprimeur et de l'afficheur.

Art. 39. Pour l'original de l'exploit qui constatera l'apposition des placards dont il ne sera pas donné copie, à Paris. 3
Dans les villes où il y a un tribunal de première instance. 2   25
Dans les autres villes et cantons ruraux. . 2   25

Il sera passé en outre la somme qui aura été payée pour l'insertion de l'annonce de la vente dans un journal, si la vente se fait dans une ville où il s'en imprime.

Pour chaque vacation de trois heures à la vente, le procès-verbal y compris, il sera taxé à l'huissier, dans les lieux où ils sont autorisés à la faire.

A Paris. 8
Dans les villes où il y a un tribunal de première instance. 5
Dans les autres villes et cantons ruraux. . 4

Et à Paris où les ventes sont faites par les commissaires-priseurs, il sera alloué à l'huissier, pour requérir le commissaire-priseur, une vacation de. 2

Art. 51. Pour l'original de la *signification* du jugement qui prononce la contrainte par corps avec commandement.

A Paris. 3
Dans les villes où il y a un tribunal de première instance. 2
Dans les autres villes et cantons ruraux. . 1   25

Et pour chaque copie, le quart.

Nota. *Il doit y avoir erreur dans la rédaction de cet article, car puisque l'original est augmenté d'un franc à Paris de plus que celui d'un acte de première classe, il*

*doit être augmenté proportionnellement partout ailleurs,
et cependant on voit qu'il n'est porté qu'à 1 fr. 25 c.
dans les villes et cantons ruraux, tandis que l'original d'un
acte de première classe est de 1 fr. 50 c. Je crois donc que
les originaux portés à 2 fr. et 1 fr. 25 c. doivent être de
2 fr. 25 c.. (Voyez l'art. 39.) C'est ce que j'ai fait dans
l'exemple du coût de cet acte. Voir la page 60.*

Art. 53. Pour le procès-verbal d'emprisonnement d'un
débiteur y compris l'assistance de deux recors et l'écrou.

A Paris. . . . . 60 . 25

Dans les villes où il y a un tribunal de première instance. . . . . ' 40

Dans les autres villes et cantons ruraux . 30

Il ne pourra être passé aucun procès-verbal de perquisition pour lequel l'huissier n'aura point de recours même
contre la partie, la somme ci-dessus lui étant allouée en
considération de toutes les démarches qu'il pourrait faire.

Art. 65. Pour chaque original de protêt, intervention
à protêt et sommation d'intervenir assistance et copies
comprises à Paris. 2

Dans les autres villes et cantons ruraux. . 1 50

Pour l'original d'un protêt de perquisition, assistance
et copie compris, à Paris. 5

Dans les autres villes et cantons ruraux. . 4

Art. 66. Il ne sera rien alloué aux huissiers pour transport jusqu'à un demi myriamètre (une lieue ancienne).

Nota. *Un demi myriamètre est de cinq kilomètres.*

Il leur sera alloué au-delà d'un demi myriamètre pour
frais de voyage qui ne pourra excéder cinq myriamètres
(dix lieues anciennes), et jusqu'à un myriamètre, pour
aller et retour. 4

Au delà d'un demi myriamètre, il leur sera alloué, pour
chaque demi myriamètre sans distinction, . 2

Il sera taxé pour visa de chacun des actes qui y sont
assujettis, à Paris. 1

Dans les autres villes et cantons ruraux . » 75

Nota. *Il est bon que l'on sache qu'un visa est la signature soit du procureur du roi, soit du maire, de son adjoint
ou de tous autres fonctionnaires publics. Que les huissiers,
dans certains cas, sont tenus de requérir.*

Les huissiers qui seront commis pour donner des ajour-
nements, faire des significations de jugement et tous autres

actes, ou procéder à des opérations , ne pourront prendre de plus forts droits que ceux énoncés au présent tarif, à peine de restitution et d'interdiction quels que soient la cour ou le tribunal auxquels ils sont attachés.

Les huissiers qui auront omis de mettre au bas de l'original et de chaque copie des actes de leur ministère, la mention du coût d'icelui, pourront, indépendamment de l'amende portée par l'article 67 du code de procédure civile, être interdits de leurs fonctions sur le réquisitoire d'office des procureurs généraux et procureurs du roi.

Art. 151. Le tarif ne comprend que l'émolument net des huissiers, les déboursés seront payés en outre.

Les huissiers ne pourront exiger de plus forts droits que ceux énoncés au présent tarif à peine de restitution, dommages-intérêts et d'interdiction, s'il y a lieu.

Il ne sera passé aux huissiers et à tous officiers ministériels que trois vacations par jour, quand ils opéreront dans le lieu de leur résidence, deux par matinée et une seule l'après-dînée.

Nota. *On a du observer que les actes signifiés partout ailleurs qu'à Paris sont d'un coût moindre pour les émoluments. Cependant MM les huissiers de Paris affectent de ne pas faire attention à cette différence et portent le coût de leurs actes signifiés dans la banlieue , comme s'ils étaient signifiés à Paris.*

Voir à la page 59 et suivantes.

Décrets des 14 juin et 29 août 1813.

Art. 35. Dans tous les cas où les réglements accordent aux huissiers une indemnité pour frais de voyage, il ne sera alloué qu'un seul droit de transport pour la totalité des actes que l'huissier aura faits dans une même course et dans un même lieu. Ce droit sera partagé en autant de portions égales entre elles qu'il y aura d'originaux d'actes, et à chacun de ces actes, l'huissier appliquera l'une des dites portions ; le tout à peine de rejet de la taxe ou de restitution envers la partie, et d'une amende qui ne pourra excéder 100 fr. ni être moindre de 25 fr.

Art. 42. Les huissiers sont tenus d'exercer leur ministère, toutes les fois qu'ils en sont requis, et sans acception de personnes, sauf la prohibition pour cause de parenté ou d'alliance portée par les art. 4 et 66 du code de procédure civile.

Art. 43. Les copies à signifier par les huissiers seront correctes et lisibles à peine de rejet de la taxe ou de restitution des sommes reçues.

Les papiers employés à ces copies, ne pourront contenir savoir : plus de trente-cinq lignes par pages de petit papier (art. 1 de la loi du 29 août 1813.), plus de quarante lignes par page de moyen papier et plus de cinquante lignes par page de grand papier, à peine de vingt-cinq francs d'amende, conformément à l'art. 26 de la loi sur le timbre du 13 brumaire, an 7.

Art. 45. Tout huissier qui ne remettra pas lui-même à personne ou domicile l'exploit et la copie de pièces qu'il aura été chargé de signifier, sera condamné, par voie de police correctionnelle, à une suspension de trois mois, à une amende qui ne pourra être moindre de deux cents francs, ni excéder deux mille francs, et aux dommages intérêts des parties.

Si, néanmoins, il résulte de l'instruction qu'il a agi frauduleusement il sera poursuivi criminellement et puni d'après l'art. 146 du code pénal.

Art. 48. Pour faciliter la taxe des frais, les huissiers, outre la mention qu'ils doivent faire au bas de l'original et de la copie de chaque acte du montant de leurs droits, seront tenus d'indiquer, en marge de l'original, le nombre de rôles de copies de pièces et d'y marquer de même le détail de tous les articles de frais formant le coût de l'acte.

Manière de procéder à la taxe d'un acte,

Ce qui pourra servir aux personnes qui voudraient le vérifier elles-mêmes.

1° L'ORIGINAL.

2° Les COPIES, dont chacune est du quart de l'original.

3° Les TIMBRES, que l'on pourra vérifier en comptant ceux employés pour l'original et ceux des copies *que l'on aura eu soin de garder.*

4° L'ENREGISTREMENT, que l'on pourra vérifier sur l'original, en voyant combien il a été perçu par le receveur d'enregistrement.

5º Les COPIES DE PIÈCES, s'il y en a, et combien il y a de rôles, ainsi que je l'ai expliqué à l'article des copies de pièces.

6º Les visas, en examinant sur l'original s'il y en a, et combien il y en a.

7º Enfin les TRANSPORTS, en sachant à quelle distance l'huissier s'est transporté, ce qu'il a du constater dans son acte.

Nota. Les huissiers portent ordinairement dix centimes pour leur répertoire, c'est un droit qui ne leur est pas dû, ainsi que je l'ai expliqué à l'article des protêts.

Exemple du cout de différents actes dont est fait mention dans cet ouvrage.

Exemple du coût d'un protêt fait à Paris.

Original, copies et témoins compris	2 fr.	» c.
Deux timbres à 35 cent.	»	70
Enregistrement.	2	20
Copies du titre, tant sur l'original que sur la copie	»	50
	5 fr.	40 c.

Nota. Il faut ajouter autant de fois 50 c. qu'il y a de titre en sus du premier; plus l'enregistrement du titre.

Exemple du coût d'un protêt fait dans la banlieue ou dans les départements.

Original, copies et témoins compris	1 fr.	50 c
Deux timbres à 35 cent.		70
Enregistrement	2	20
Copies du titre tant sur l'original que sur la copie	»	40
	4 f.	80 c.
Ajouter un transport s'il y a lieu, de . . .	4	»
	8 fr.	80 c.

Nota. Il faut ajouter autant de fois 40 c. qu'il y a de titres en sus du premier, et l'enregistrement du titre.

Exemple du coût d'un acte de première classe fait à Paris.

Original.	2 fr.	» c.
Une copie.	»	50
Deux timbres à 35 cent.	»	70
Enregistrement.	2	20
	5 fr.	40 c.

Ajouter, s'il y a lieu, les copies en sus de la première, les copies de pièces et visas.

Exemple du coût d'un acte de première classe signifié dans la banlieue ou dans les départements.

Original.	1 fr.	50 c.
Une copie de 37 cent. 1/2, que je porte à. .	»	40
Deux timbres à 35 cent	»	70
Enregistrement.	2	20
	4 fr.	80 c.

Ajoutez, s'il y a lieu, les copies, copies de pièces, visas et transport.

Nota. *Les actes de première classe sont les assignations avec ou sans sommation, les significations de jugement avec ou sans commandement simple, et tous actes contenant sommation de faire une chose, ou opposition à ce qu'une chose soit faite, protestation de nullité, etc., etc.*

Exemple du coût d'un acte de deuxième classe signifié à Paris.

Original.	3 fr.	» c.
Une copie.	»	75
Deux timbres.	»	70
Enregistrement	2	20
	6 fr.	65 c.

Exemple de coût d'un acte de deuxième classe, signifié dans la banlieue ou dans les départements.

Original.	2 fr.	25 c.
Une copie de 56 c. 1/2 que je porte à . . .	»	60
Deux timbres.	»	70
Enregistrement.	2	20
	5 fr.	75 c.

On ajoutera les copies et copies de pièces en sus, s'il y en a; visas, transport, etc., etc.

Nota. *Le seul acte de deuxième classe dont il est fait mention dans cet ouvrage, est la signification de jugement avec commandement tendant à contrainte par corps. Les autres actes énoncés ci-après, et dont les coûts diffèrent entre eux, sont des procès-verbaux.*

*Exemple du coût d'un procès-verbal de saisie mobiliaire,
fait à Paris, en une seule vacation.*

Pour original, deux copies et témoins. . . .   8 fr. » c.
Trois timbres à 35 cent.   1   5
Enregistrement   2   20
                                               ————————
                                               11 f. 25 c.

Le coût de chacune des vacations en plus, est de 5 fr.,
témoins compris.

*Exemple du coût d'un procès-verbal de saisie mobiliaire,
fait dans la banlieue ou dans les départements, en une
seule vacation.*

Pour l'original, deux copies et témoins . . . .   6 fr. » c.
Trois timbres à 35 cent.   1   5
Enregistrement.   2   20
                                                ————————
                                                9 f. 25 c.

Ajouter les timbres de surplus s'il y en a.
Le coût de chacune des vacations, en plus, est de 3 fr.
75 cent., témoins compris.

*Exemple du coût d'un procès-verbal d'affiches fait
à Paris*

Original (pas de copie) . . . .   3 fr. » c.
Un timbre. . . . . :   »   35
Enregistrement tant du procè-verbal que du
placard.   3   30
                                               ————————
                                               6 fr. 65 c.

Nota. *Il faut ajouter le nombre d'affiches qu'a dû apposer l'huissier, à raison de 50 c. chacune, si elles sont faites
à la main; plus le timbre qui est de 5 cent. chacune.*

*Exemple du coût d'un procès-verbal d'affiches, fait dans
la banlieue ou dans les départements.*

Original. . . . .   2 fr. 25 c,
Un timbre . . . .   »   35
Enregistrement tant du procès-verbal que du
placard.   3   30
                                               ————————
                                               5 fr. 90 c.

Il faut ajouter, indépendamment du nombre d'affiches
qui ne doit être que 4 ou 5 au plus, les transport et visa,
s'il y a lieu.

Exemple du coût d'un procès-verbal de recolement fait à Paris, lors de la vente des effets saisis.

Original (pas de copie) . . . . 6 fr. » c.
J'admets deux timbres à 35 cent . . . . . . » 70
Enregistrement 2 20
                                            ─────────
                                            8 f. 90 c.

Exemple du coût d'un procès-verbal de recolement, fait dans la banlieue ou dans les départements, lors de la vente des effets saisis.

Original (pas de copie) . . . . 4 fr. 50 c.
J'admets deux timbres à 35 cent . . . . . . » 70
Enregistrement 2 20
                                            ─────────
                                            7 fr. 40 c.

Il faut ajouter le transport s'il y a lieu.

Exemple du coût d'un procès-verbal de vente fait à Paris.

Pour une vacation de trois heures . . . . . 8 fr. » c.
Enregistrement du procès-verbal 2 20
Vacation due à l'huissier pour requérir le
commissaire-priseur . . . . 2 »
                                            ─────────
                                            12 fr. 20 c.

Nota. *Chaque vacation de trois heures, est de 8 fr.*
Il faut ajouter les timbres employés par l'officier qui aura fait la vente.

Exemple du coût d'un procès-verbal de vente fait dans la banlieue ou dans les départements.

Pour une vacation de trois heures . . . . . 4 fr. » c.
Enregistrement du procès-verbal 2 20
                                            ─────────
                                            6 fr. 20 c.

Chaque vacation de trois heures est de 4 fr.
Il faudra ajouter les timbres, transport et visa s'il y a lieu.

Actes nécessaires pour parvenir à exécuter un jugement par la vente des meubles et effets.

1° L'assignation ; 2° la signification du jugement avec commandement ; 3° le procès-verbal de saisie ; 4° le procès-verbal d'affiche ; 5° le procès-verbal de recolement ; 6° le procès-verbal de vente.

Actes nécessaires pour parvenir à exécuter un jugement par la voie de la contrainte par corps.

1° L'assignation ; 2° la signification du jugement avec commandement tendant à contrainte par corps ; 3° les procès-verbaux de capture et d'écrou, ou celui de recommandation, si déjà le débiteur est écroué.

Tous autres actes sont superflus lorsqu'il n'y a pas d'opposition ou d'appel de la part du défendeur.

TABLEAU DES COMMUNES

où les Huissiers de Paris n'ont droit à aucun transport ; qui pourra servir de régulateur à l'égard de tous les Huissiers en général.

Batignolles-Monceaux....	5 kil.	Grenelle..............	5
Belleville..............	4	La Chapelle...........	4
Bercy.................	4	La Villette...........	5
Charonne.............	5	Montmartre...........	4
Gentilly..............	5	Vaugirard............	5

Id. , *où ils ont droit à un transport de* 4 *fr.*

Arcueil..............	7	La Courneuve.........	10
Asnières.............	8	Maison Alfort.........	9
Aubervilliers.........	8	Montreuil-sous-Bois....	8
Auteuil..............	7	Montrouge...........	6
Bagneux.............	8	Neuilly.............	8
Bagnolet.............	7	Noisy-le-Sec.........	10
Bourg-la-Reine........	9	Pantin...............	7
Charenton—le-Pont.....	6	Passy...............	6
Charenton-St-Maurice...	7	Prés St-Gervais.......	6
Chatillon............	8	Puteaux.............	10
Clamart.............	10	Romainville..........	8
Clichy-la-Garenne.....	7	Saint-Denis..........	10
Courbevoie..........	9	Saint-Mandé.........	6
Fontenay-aux-Roses....	10	Saint-Ouen..........	8
Fontenay-sous-Bois.....	10	Vanves.............	7
Issy.................	6	Villejuif............	8
Ivry................	6	Vincennes...........	7
Joinville-le-Pont.......	10	Vitry-sur-Seine.......	8

Id., où ils ont droit à un transport de 6 fr.

Antoni	13	Fresnes	13
Baubigny	11	Gennevilliers	11
Bondy	12	Ile St-Denis	11
Bonneuil	15	L'Hay	13
Bourget (le)	12	Nogent-sur-Marne	11
Boulogne	11	Pierrefitte	13
Brie-sur-Marne	14	Plessy-Piquet	13
Champigny	14	Rosny-sous-Bois	11
Chatenay	14	Rungis	14
Chevilly	11	Saint-Maur	11
Choisy-le-Roi	12	Sceaux	11
Colombes	13	Stains	14
Creteil	11	Suresnes	12
Drancy	12	Thiais	14
Duguy	14	Villemonble	13
Epinay	14	Villetaneuse	14

Id., où ils ont droit à un transport de 8 fr.

Nanterre	19	Orly	16

On voit d'après le tableau ci-dessus que les huissiers n'ont droit à aucun transport tant qu'ils ne se sont pas transporté dans une commune distante de la leur de plus de cinq kilomètres.

Qu'ils n'ont droit qu'à un transport de quatre francs tant qu'ils ne dépassent pas un myriamètre ou 10 kilomètres.

Qu'ils n'ont droit qu'à un transport de six francs, tant qu'ils ne dépassent pas un myriamètre et demi ou 15 kilomètres

Enfin, qu'ils n'ont droit qu'à un transport de huit francs, tant qu'ils ne dépassent pas deux myriamètres ou 20 kilomètres, etc., etc., ainsi de suite de cinq en cinq kilomètres, jusqu'à cinq myriamètres, où il leur est dû un transport de vingt francs, maximum déterminé par la loi. Au delà de cette distance, les huissiers n'ont aucun droit à reclamer le montant du surplus de la distance qu'ils auront parcourus.

Voir l'art. 66 du tarif, page 56.

Cependant, s'ils signifiaient des copies dans plusieurs communes différentes pour le même acte, il leur sera dû un transport de quatre francs, quand, pour aller, traverser d'une commune à l'autre et retour, ils auront parcouru plus d'un myriamètre.

Il leur sera dû un transport de six francs, quand, pour aller, traverser d'une commune à l'autre et retour, ils auront parcouru plus de deux myriamètres.

Et, il leur sera dû un transport de huit francs, quand, pour aller, traverser d'une commune à l'autre et retour, ils auront parcouru plus de trois myriamètres, etc., etc.

FIN.

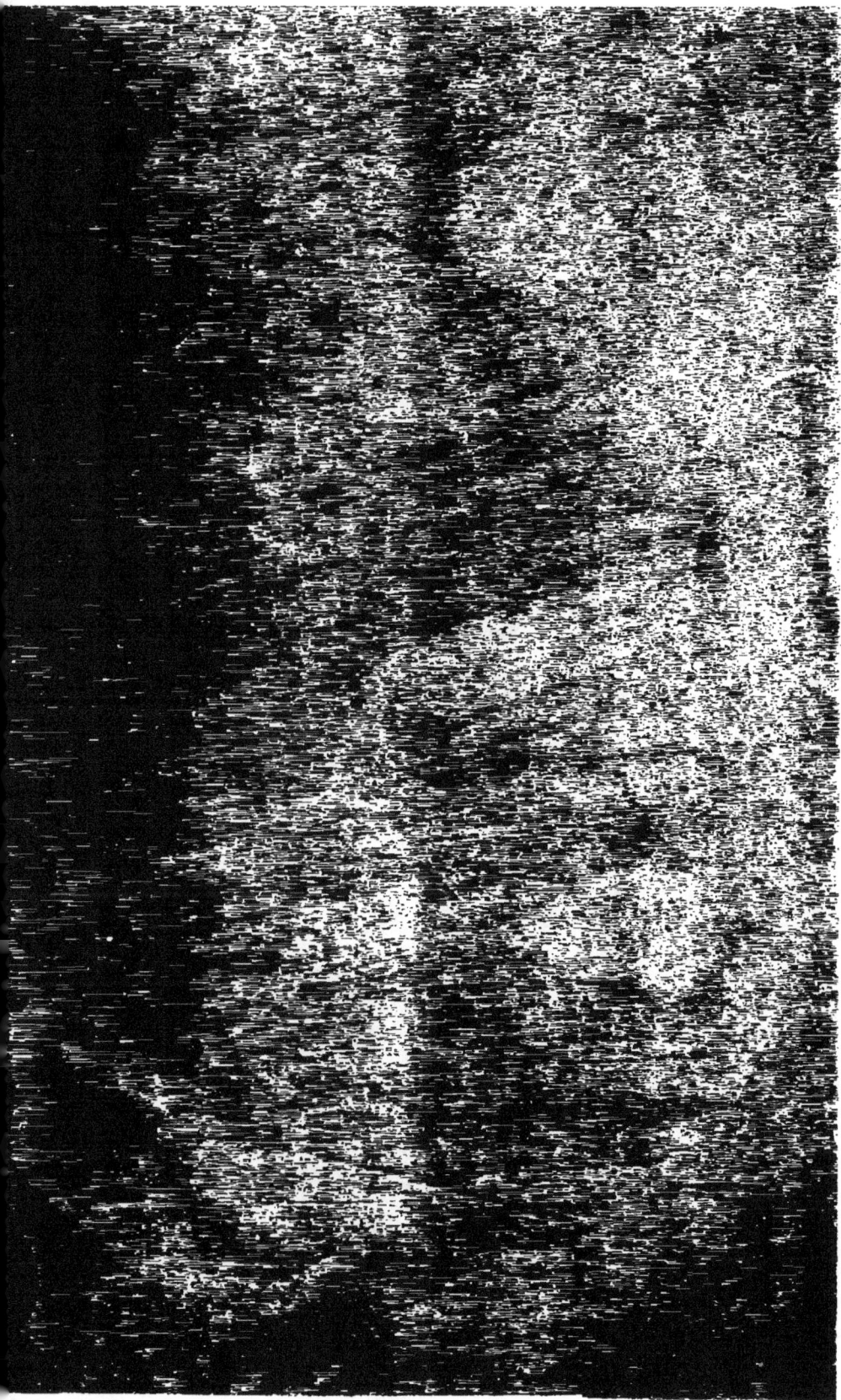

www.ingramcontent.com/pod-product-compliance
Lightning Source LLC
Chambersburg PA
CBHW050627210326
41521CB00008B/1409